四川省2023—2025年度重点出版规划项目"资源赋能乡村振兴路径研究丛书"

重庆工商大学经济学院"重庆市经济学拔尖人才培养示范基地"与国家一流专业建设点系列成果

重庆工商大学学术著作出版基金资助
由重庆工商大学资助出版

数字金融
对乡村产业融合发展的
效应研究

SHUZI JINRONG
DUI XIANGCUN CHANYE RONGHE FAZHAN DE
XIAOYING YANJIU

陈一明　温　涛○著

西南财经大学出版社
Southwestern University of Finance & Economics Press
中国·成都

图书在版编目(CIP)数据

数字金融对乡村产业融合发展的效应研究/陈一明,
温涛著.--成都:西南财经大学出版社,2024.8.
ISBN 978-7-5504-6399-8

Ⅰ.F323

中国国家版本馆 CIP 数据核字第 2024UG1429 号

数字金融对乡村产业融合发展的效应研究

SHUZI JINRONG DUI XIANGCUN CHANYE RONGHE FAZHAN DE XIAOYING YANJIU

陈一明　温　涛　著

责任编辑:李特军
责任校对:李建蓉
封面供图:董潇枫
封面设计:何东琳设计工作室
责任印制:朱曼丽

出版发行	西南财经大学出版社(四川省成都市光华村街 55 号)
网　　址	http://cbs.swufe.edu.cn
电子邮件	bookcj@swufe.edu.cn
邮政编码	610074
电　　话	028-87353785
照　　排	四川胜翔数码印务设计有限公司
印　　刷	郫县犀浦印刷厂
成品尺寸	170 mm×240 mm
印　　张	13.25
字　　数	220 千字
版　　次	2024 年 8 月第 1 版
印　　次	2024 年 8 月第 1 次印刷
书　　号	ISBN 978-7-5504-6399-8
定　　价	88.00 元

前　言

　　经济是肌体，金融是血脉。在数字经济、"双循环"新发展格局和实施乡村振兴战略背景下，乡村产业融合发展成为国内经济大循环和乡村产业兴旺的关键环节和重要基础。金融作为关键投入要素和先导要素，在产业的形成、发展、升级和融合的各个阶段都起着至关重要的作用，尤其是以数据这种新型生产要素为主的数字金融服务新业态，对生产要素的组合方式带来了突破性的改变，对各行各业的正向作用也正在不断凸显。传统金融服务由于"三农"场景中信息不对称、抵押担保物缺失、交易成本较高等因素，使其促进乡村产业融合发展的功能尚未有效发挥。那么，数字金融对乡村产业融合发展是否具有促进作用？其实际效应如何？未来如何调整？这是亟待在理论与实践上探寻和解答的问题。截至目前，关于数字金融对乡村产业融合发展的理论和实证研究才刚刚起步，仅有少部分定性分析，关于二者间关系的实证研究甚少，相关的系统性研究更是鲜见。为此，本研究基于科学的理论和方法，遵循"问题提出→概念阐述→理论框架构建→假说提出→宏观实证检验→微观实证分析→案例总结提炼→创新机制探索"的逻辑思路，力求厘清数字金融促进乡村产业融合发展的理论关系和作用机理，从宏观、微观的角度出发，采用实证分析和案例分析相结合的方法，揭示数字金融对乡村产业融合发展的实践效应及现实问题，并据此针对性地从系统论出发提出相应的机制创新及政策建议。

　　本研究的主要内容及结论如下：

　　一是以中国现实问题为导向，交叉融合多学科多领域知识，揭示并归纳数字金融与乡村产业融合发展的关系特征及供需变化态势，凝练总结相应的影响机理。数字金融与乡村产业融合发展是相互促进的，其具有供需适配性和供需动态平衡的特征。数字金融的创新拓宽了金融服务的广度，数字技术的应用也增强了金融服务的深度，并且数字金融作为一种有效媒介，有利于提升供需双方的匹配效率和发展动力，有利于优化要素的配置和组合，降低相应的交易成本，突破时空限制，满足多样化的需求，进而助推乡村产业融合发展。

二是通过宏观层面的效应分析发现，数字金融能对传统的金融进行有益补充，扩宽金融服务的边界，缓解融资约束，进而促进乡村产业融合发展，并且这种正向影响存在相邻地区的空间溢出效应。首先，本研究在参考大量政策文件和现有研究成果的基础上构建符合现阶段的乡村产业融合发展指标体系，并使用主成分分析法对中国各地区的乡村产业融合发展水平进行了实际测度，同时进一步对各地区差异度的原因进行分析，更为全面地反映出各省份的乡村产业融合发展程度及其差异性特征。其次，使用不同权重矩阵的空间计量模型等分析工具，实证分析数字金融对乡村产业融合发展的宏观效应。最后，通过更换被解释变量和测度方法、更换空间权重矩阵、增添控制变量多种方法相结合进行稳健性检验。研究结果均表明：数字金融对乡村产业融合发展有显著的正向促进作用，且存在正向空间溢出效应；人均财政支农水平以及劳动生产率的提升都会对乡村产业融合发展产生积极作用。

三是通过实地调研结果和数据统计分析发现，数字金融能增加乡村地区金融资源和服务的可获得性，拓宽新型农业经营主体的融资渠道和选择，进而有效促进新型农业经营主体的乡村产业融合发展。首先，本研究选取具有代表性的中部和西部地区进行实地调研，通过对调研问卷数据进行分析发现，目前新型农业经营主体在从事乡村产业融合发展的过程中面临的最大约束依旧是融资问题。其次，通过对所收集的问卷进行清理并进行实证效应检验。研究结果表明：使用数字金融能够给新型农业经营主体带来有利的影响，数字金融产品和服务能够覆盖更为广泛的客户群体，在一定程度上成为传统金融服务的补充，进而缓解传统的信贷融资约束，优化多层次金融服务供给；同时社会网络资源越好、金融素养程度越高，对新型农业经营主体从事乡村产业融合发展越有促进作用。

四是对典型案例进行分析，提炼出中国典型实践经验的运行规律，并通过对比分析，总结出数字金融促进乡村产业融合发展可借鉴、可复制、可推广的中国模式和中国智慧。本研究选取具有代表性的中国农业大省四川的彭州和西部少数民族地区以及广西的田东进行双案例剖析。典型案例分析证明，数字金融产品和村站服务的普及能够使金融服务的获得机会更加平等，能直接提高金融服务的可得性，降低金融交易的成本，并利用数据这种新型的先导生产要素对其他要素进行赋能和增效，实现自我的更新迭代，提高金融系统的风险控制能力，优化资源配置，进而促进乡村产业融合发展。特别是各地通过政府主导和市场协同发力的多位一体金融发展模式、征信大数据赋能农村普惠金融服务模式、"农金村办"多方联动的数字村站综合服务发展实践等，逐渐形成了具有中国特色的数字金融体系促进乡村产业融合发展的中国故事和中国智慧。

本书在理论分析、宏微观效应检验和实践探索凝练的基础上对以下问题进行了研究：乡村产业融合发展融资难、贵、慢；金融产品单一，难以满足新型农业经营主体快速而又多样化的融资需求；农业保险和担保体系不健全，涉农金融市场和服务的作用未能有效发挥；数字人才和高素质创新型人力资源缺乏；数字金融行业秩序缺乏规范等。本研究进一步从系统论角度出发，进行了多样化和多层次的机制创新探索，提出构建多元协同金融生态建设机制、人才培育渠道拓展机制、公共服务优化机制和制度法律保障机制，并提出相应政策建议。

本研究的创新之处在于：

一是研究视角和内容的突破与创新。本研究从农业经济学、金融学、信息学、产业经济学等多学科视角切入，结合"三农"实际发展态势，从数字金融特征和内容等多个领域入手，探析和构建数字金融对乡村产业融合发展的范围、效应、模式和机制；既定性讨论了数字金融对乡村产业融合发展的作用机理、促进模式和实践分析，又对其相应的结构变化、时空分布和影响效应等进行系统的数理分析和实证研究。

二是宏微观双重层面研究分析的多样性。本研究使用宏观数据和微观数据，并利用多种方法和模型对同一命题进行验证。如使用了主成分分析法、熵值法、面板空间计量法、工具变量法、Probit模型法等，并通过更换被解释变量，增添控制变量，更换测量方法及空间权重矩阵等方式进行稳健性检验，从而更全面地反映出数字金融对乡村产业融合发展的动态效应及其相互关系。同时，结合国内外特色典型案例进行进一步补充论证，使研究形成一个从定性到定量再到定性的完整闭环，更具客观性和科学性。

三是研究框架的系统性构建和问题的拓展性研究。本研究对国内外相关理论的研究动态进行系统归纳总结，通过归纳和演绎推理法相结合揭示其关系机理，深入剖析了数字金融与乡村产业融合发展的关系机理；从多维度、多视角和多角度，使用多种实证方法构建了数字金融对乡村产业融合发展的效应研究框架，实证探析二者间的实际效应；结合社会学和管理学分析范式等进行更深入的剖析解构，拓展分析揭示其运行机制，并较为系统地提出了相应的创新促进机制。

综上所述，中国数字金融促进了乡村产业融合发展的实践探索，凝聚形成了中国智慧和中国方案，有望成为解决农村金融世界性难题的突破口。未来我们应充分利用数字金融具有的便捷性、效率性、高渗透性、外部经济性、普惠性和边际效益递增性等特征，进一步推动农村金融机构的数字化转型升级和数字金融业务创新，高效发挥数字金融服务在"三农"场景发展的功能和效应，加快乡村产业融合发展和全面推进乡村振兴。

陈一明

2024 年 7 月

目　录

第 1 章　导论

1.1　研究背景与问题提出

1.1.1　研究背景

当前，数字经济正成为撬动全球经济转型升级的重要战略支点，也逐步成为拉动经济增长的一个重要引擎，代表着未来经济发展的新趋势。具体而言，从全球数字经济的发展状况来看，联合国《数字经济报告》明确指出，数字经济的蓬勃发展有利于推动经济高质量发展，加快实现可持续发展目标，其统计数据显示，全球 ICT（information and communications technology，信息通信技术）服务出口额从 2005 年的 1 750 亿美元增加到 2017 年的 5 680 亿美元，并提供了近 500 万个就业机会。从中华人民共和国商务部、中国信息通信研究院和国家互联网信息办公室的统计数据来看，中国数字经济规模在 2018 年已达 31.3 万亿元，对国内生产总值（GDP）的增长贡献率占比约 55%，2022 年我国数字经济规模达 50.2 万亿元，总量稳居世界第二，同比名义增长 10.3%，占国内生产总值比重提升至 41.5%。根据《中国数据要素市场发展报告》，数据要素对我国 GDP 增长的贡献率和贡献度在 2021 年分别为 14.7% 和 0.83 个百分点。由此可见，数字经济的转型升级，逐步成为中国经济和世界经济增长的新引擎。但相对于其他行业而言，数字经济在"三农"领域的发展仍明显不足，据中国信息通信研究院的数据，2020 年我国农业数字经济仅占农业增加值的 8.2%，这远低于工业 19.5%、服务业 37.8% 的水平，存在数字经济发展不平衡不充分的问题。

中国是农业大国，并正在向农业强国迈进。党和国家高度重视"三农"信息化、数字化和现代化建设，我国的农业农村数字化转型步伐将大大加快。2005年党中央在"一号文件"中明确指出要"加强农业信息化建设"，随后出台了《"十三五"全国农业农村信息化发展规划》。2016年《国务院关于印发全国农业现代化规划（2016—2020年）的通知》指出："农业现代化已进入全面推进、重点突破、梯次实现的新时期。"《数字乡村发展战略纲要》指出："着力发挥信息技术创新的扩散效应、信息和知识的溢出效应、数字技术释放的普惠效应，加快推进农业农村现代化。"《农业农村部办公厅关于印发〈2020年乡村产业工作要点〉的通知》明确规定："务实推进业态融合。跨界配置农业与现代产业要素深度交叉融合，形成'农业+'多业态发展态势。"《中华人民共和国国民经济和社会发展第十四个五年规划和2035年远景目标纲要》指出"当今世界正经历百年未有之大变局，新一轮科技革命和产业变革深入发展"，明确提出要"提高农业质量效益和竞争力，实施乡村建设行动，实现巩固拓展脱贫攻坚成果同乡村振兴有效衔接"，并且要"加快发展现代产业体系"和"健全农村金融服务体系"。党的二十大报告进一步明确要求："加快发展数字经济，促进数字经济和实体经济深度融合。"2024年"中央一号文件"提出"发展农村数字普惠金融，推进农村信用体系建设"等。

经济是肌体，金融是血脉①。在突如其来的新型冠状病毒感染疫情背景下，中国的数字金融对经济复苏起到了关键的助推作用，其重要性愈发凸显，金融创新也在不断提升，并不断致力于服务实体经济和产业的发展。与此同时，实现巩固拓展脱贫攻坚成果同乡村振兴有效衔接的重点在于产业兴旺，产业兴旺的基础在于延伸产业链，促进乡村产业融合发展。在万物互联时代，随着信息技术和数字金融突飞猛进的发展与进步，乡村产业发展也迎来了一次新的发展机遇，而这也迫切需要资金的保障和金融的支持。特别在"双循环"新发展格局与国家重大战略调整新阶段，振兴乡村经济是形成国内经济大循环的关键环节，实体产业的发展也需要经济和金融的支持。

中国是社会主义市场经济国家，故需按照市场供求规律配置资源，为了使要素配置和流动更加有效化和合理化，优化资本要素在支持实体产业

---

① 习近平总书记2019年2月22日在中央政治局第十三次集体学习时指出："金融活，经济活；金融稳，经济稳。经济兴，金融兴；经济强，金融强。经济是肌体，金融是血脉，两者共生共荣。"

转型中的配置作用，充分发挥金融的资源调配机制，通过数字金融促进乡村产业融合发展迫在眉睫。习近平总书记曾明确强调："金融要为实体经济服务，满足经济社会发展和人民群众需要。"即作为关键投入要素和先导要素，金融在产业的形成、发展、升级和融合的各个阶段都起着至关重要的作用。具体而言，金融在空间维度上，能够促进资源的有效配置，在时间维度上能解决跨期不确定性，尤其是数字金融产品和服务的普及能够使财富的获得机会更加平等，能直接提高金融服务的可得性，降低金融交易的成本，还能间接缓解信贷约束、降低农户融资的门槛。中国人民银行的数据显示，2012—2022年，中国银行业金融机构的电子支付业务笔数由202.378亿笔增至2 789.65亿笔，金额由830.496万亿元增至3 110.13万亿元。其中2021年，银行业金融机构共处理农村地区网上支付业务111.3亿笔，同比下降6.31%；移动支付业务173.7亿笔，同比增长22.2%。通过与科技创新服务相结合的模式，银行通过电子渠道获得更多的交易方式，农村地区也获得了更多的金融服务。利用数字金融赋能银行惠民服务，理论上有助于以更低的成本解决"融资难、融资贵、融资慢"的问题，更能在"大国小农"的情景下和建设农业强国的背景下，走出中国特色社会主义的乡村振兴道路，也更能发挥数字金融服务"三农"的公平性、普惠性和共享性等作用功能，并为实现农业现代化插上腾飞的翅膀。但就目前而言，农村金融服务体系仍然存在信息不对称的短板，农业产业链上、中、下游融资需求未能得到有效满足。"三农"发展所需的金融可获得性依旧不够等问题，是金融服务"三农"发展和乡村振兴所必须突破的瓶颈。

2021年《中华人民共和国乡村振兴促进法》明确提出"应当发挥农村资源和生态优势，支持特色农业、休闲农业、现代农产品加工业、乡村手工业、绿色建材、红色旅游、乡村旅游、康养和乡村物流、电子商务等乡村产业的发展；引导新型经营主体通过特色化、专业化经营，合理配置生产要素，促进乡村产业深度融合；支持特色农产品优势区、现代农业产业园、农业科技园、农村创业园、休闲农业和乡村旅游重点村镇等的建设"，相关配套政策文件也进一步指出了乡村产业融合发展的重要性、紧迫性和可行性。《中华人民共和国国民经济和社会发展第十四个五年规划和2035年远景目标纲要》指出："持续强化农业基础地位，深化农业供给侧结构性改革，强化质量导向，推动乡村产业振兴。"乡村产业发展是实现乡村振兴战略的基础和重点，故习近平总书记指出"产业兴旺，是解决农村一切问题的前提"。党的二十大报告进一步强调需要"加快建设农业强国，扎实推动乡村产业、人才、文化、生态、组织振兴"和"健全农村金融服务体系"。2024 年"中央一号文件"明确要求"提升乡村产业发展水平"及"加快构建粮经饲统筹、农林牧渔并举、产加销贯通、农文旅融合的现代乡村产业体系"。乡村产业融合发展是实现产业兴旺的重要路径，金融有利于为乡村产业融合发展提供动力。

综上所述，已有政策实践强调了数字经济和数字金融发展的紧迫性，以及乡村产业融合发展的重要性，数字金融对乡村产业发展可能会产生的积极效应。学界已有成果初步证明，数字金融能够降低信息不对称程度、降低交易成本、优化要素流动通道，还能通过系统性的数据提升风险控制效率，促进农村金融可持续发展和农村金融服务功能有效发挥（Irwin et al.，2010；张红宇，2016；傅秋子 等，2018；张勋 等，2019；肖旭 等，2019；温涛、陈一明，2020；许玉韫、张龙耀，2020；聂秀华 等，2021；张岳和周应恒，2021）。因此，数字金融有可能是解决农村金融世界性难题的一个方案，其有利于引导和激励乡村产业融合发展，促进乡村产业兴旺和乡村振兴战略规划的实现。

1.1.2 研究问题

在全世界范围内，乡村地区、成长型中小企业和机构、创业初期和相对弱势群体等的融资难、贵、慢问题一直存在，亟需解决和破题。在中国，虽然政府在制度政策和财政补贴等方面给予了"三农"领域极大的支持，但由于长期处在城乡二元金融结构状态，农村金融排斥问题仍然存在，农村金融生态环境仍需改进，适应现阶段乡村全面振兴需求的金融产品和服务仍然不足，这些都影响了金融支持乡村振兴尤其是乡村产业融合发展的质量和效率。近年来，随着互联网信息技术的迅猛发展，科技发展与金融创新不断交融，以"互联网+"技术为坚实支柱，数字金融正在引领金融服务领域产生革命性的变革。这场变革通过提供前所未有的便捷性、普惠性和智能化金融服务，重塑了金融行业的生态格局，推动了金融服务的全面升级。通过高效、便捷、智能的数字化服务，数字金融不仅提升了用户体验，还促进了金融业的可持续发展。数字金融具有扩宽服务范围、提高服务效率和降低服务成本等优势，也为传统金融机构的数字化转型升级提供了动力。因此，数字金融能否打通农村金融服务"最后一公里"的通道，能否通过发挥其高渗透性、外部经济性、边际效益递增性、普惠性等优势更好地解决乡村产业发展仍然面临的传统的金融抑制，即信贷供给总量不足、长期大额贷款较少、金融产品创新力度不够、金融支持乡村产业融合发展的直接和间接融资渠道有限等问题是本研究的焦点。鉴于此，本研究尝试探寻数字金融对乡村产业融合发展的效应研究，拟解决的关键问题如下：①数字金融对乡村产业融合发展的宏观效应如何？各地区乡村产业发展的差异及其原因是什么？②数字金融对乡村产业融合发展的微观效应如何？即是否能够促进新型农业经营主体的乡村产业融合发展？③数字金融促进乡村产业融合发展的已有实践模式和运行机制如何？是否有规律可循？④为了发挥数字金融对乡村产业融合发展的促进作用，需要怎样的机制创新保障才能实现可持续发展？

1.1.3　研究意义

数字金融正逐步渗透到各行各业，与之相关的研究也已经成为当下和未来研究的热点。但梳理已有文献后不难发现，目前国内外关于数字金融的研究仅处于起步发展阶段，关于数字金融与乡村产业融合发展的效应研究更是鲜见，因而进行相关的系统性研究迫在眉睫。本研究的理论意义和实用价值在于：

（1）以中国现实问题为导向，交叉融合多学科和多领域知识，扩展了数字金融促进乡村产业融合发展相应的系统性和应用性研究。本研究将结合辩证法，利用农业经济学、金融学、信息学和产业经济学等多学科多领域的交叉研究，通过对相关理论和文献的梳理，界定相关概念及内涵外延，通过对历史脉络演进的分析，进一步论述数字金融在乡村产业融合发展中的重要作用及二者的关系，以期较为客观全面且具有前瞻性地探寻数字金融促进乡村产业融合发展的动态特征。

（2）以国内外已有实践模式及其相关研究为逻辑起点，拓宽乡村产业融合发展的研究视野和范围，进一步丰富数字金融对乡村产业融合发展促进机制研究的相关理论研究和实践探索，助力完善农村金融理论体系。国内外现有相关研究为本研究提供了逻辑起点，但目前关于二者的研究：一是主要对二者进行分别研究；二是将二者发展相结合的研究。第二类研究目前大多集中在理论层面，质性推论较多，而量化研究较少。故本研究将在以往学者研究经验的基础上，论述数字金融与乡村产业融合发展的相互关系、作用机理、动力机制和支撑条件，从而形成较为完整的理论分析框架，并结合宏观数据进行总体效应的评价。此外，使用微观调研数据进行实际效应检验，进一步检验利用数字金融对新型农业经营主体从事乡村产业融合发展的影响。最后，通过案例分析，总结提炼典型实践模式，并在此基础上提出数字金融促进乡村产业融合发展的创新机制设计。

（3）以宏观实证和微观调研数据为基础，通过严谨的计量经济学检验，探讨数字金融对乡村产业融合发展的宏观传导效应和微观实际效应，为决策部门制定相关政策支持乡村产业融合发展提供决策参考，并为金融机构创新相关服务提供思路借鉴。具体而言：一是进一步改进完善现阶段测度乡村产业融合发展的指标体系；二是进一步对各地区产生差异度的原因进行分析，更为全面地反映乡村产业融合发展程度及其差异性特征；三是在构建和测度乡村产业融合的综合绩效指标评价体系后，进一步对数字金融影响乡村产业融合发展的效应进行实证分析；四是进村入户调研，获取一手微观数据，实证检验数字金融对新型农业经营主体从事乡村产业融合发展的影响，分析相应的实证研究结果，进一步探索完善相应的机制创新。因此，本研究在理论与实证上的创新之处，不但具有重要的理论意义，而且具有更加突出的现实性和实际应用价值。

1.2 国内外研究现状

截至目前，国内外已有研究中，关于数字金融对乡村产业融合发展的效应研究的相关文献并不多见，大多数研究只是侧重于分别对数字金融或乡村产业融合发展两个领域进行单独研究。具体而言，在全球范围内，对数字金融的研究还处于起步阶段，仅有的研究主要集中在以某一年的微观数据研究分析为主；在宏观层面，尤其是分析数字金融与实体产业关系方面的研究暂时还很少；有关金融发展和产业间关系的研究目前集中在数字金融与工商企业的联系，或是在案例分析以及定性分析方面，如探讨金融支持乡村振兴战略的制约因素、国际经验、制度措施等，相应的定量与实证研究更是少见。因此，此部分文献综述梳理将主要从数字金融的相关研究，乡村产业发展的相关研究，乡村产业融合发展的相关研究，金融与乡村产业发展的关系研究这几个方面展开，在此基础上再对数字金融与乡村产业融合发展研究进行阐述，这也是本研究的创新之处。

1.2.1 数字金融的相关研究

随着科学技术和现代信息网络技术突飞猛进的发展，全球进入了以数字经济为主的科技革命和产业革命新时代，数字经济已成为拉动经济增长的一个重要引擎。"数字经济"主要指以使用数字化的知识和信息作为关键生产要素、以现代信息网络作为重要载体、以信息通信技术的有效使用作为效率提升和经济结构优化的重要推动力的一系列经济活动①。已有研究证明，数字化的知识和信息是数字经济的关键生产要素，即当信息和数据成为新的关键生产要素后，数字经济与实体产业的融合发展有利于降低信息不对称程度、优化要素合理配置、实现规模经济和范围经济，并对其他要素的效率产生倍增作用，从而带来新的价值增值（Bukht & Heeks，2018；肖静华，2020；温涛、陈一明，2020）。

在新一轮信息技术革命背景下，互联网技术的出现突破了传统的地理空间限制，金融科技和数字金融以数字经济中的信息技术为主要驱动力，并以其显著的包容性和普惠效应，有效缓解了以往涉农金融体系中的信息不对称问题，平衡了金融公益性和商业盈利性不可兼容的问题，有效扩大了金融服务在农业农村中的覆盖率，遏制了传统的"金融排斥"现象。总之，大数据等技术向金融业的渗透催生出了新型的金融业态数字金融，数字金融通常是指通过互联网及信息技术手段与传统金融服务业态相结合的新一代金融服务，其有助于降低金融服务的门槛，提供多样化的金融服务，扩大金融服务的有效边界，降低交易成本（焦瑾璞，2014；李继尊，2014；谢绚丽 等，2018；郭峰，2020；Huxley & Kim，2018；Broeders & Prenio，2018；Mourmouras，2019）。

许多理论和学术研究已证明金融的存在能够帮助实现社会的目标，社会的进步能够进一步推动金融在资源有效配置方面的作用发挥，同时金融的创新离不开技术的推动（Shiller，2013；Bachas et al.，2018）。技术创新的实现又离不开一定的社会经济条件，包括发达的金融体系、完善的信用制度和其他配套设施与环境，如市场制度、市场规模及其决定的有效需

---

① 该概念来自 2016 年 G20 峰会官网的《二十国集团数字经济发展与合作倡议》。

求、信息流动、社会政治结构和环境以及法律观念等，三者相辅相成、相互促进。有研究发现，1995 年后生产力的增长主要来源于数字技术的投资和使用，互联网降低了国际交流成本，进而增加实物商品的贸易，并且美国企业受组织资本和结构的影响，ICT 对美国企业生产率的促进作用更强（Bloom et al.，2012）。Acemoglu 和 Autor（2011）表明宽带的普及，能够使技术工人受益，但考虑到前几代的信息技术（IT）都是偏重技能，故使用互联网来提高生产力也存在技能偏向。互联网可能会减少工作人员对特定任务工作区域的需求，从而增加了线上远程办公的普及率，对人口密度低的地区带来好处，实现了对原有经济模式的革命（Autor，2001；Gaspar & Glaeser，1998；Kolko，2012；杨新铭，2017）。数字平台的开放性和自生长性降低了创业的学习成本和资源获取门槛，而数字平台的开放治理模式为异质性和动态性的创业团队形成提供了基础。总体而言，早期关于数字经济、数字金融和技术进步的相关研究主要集中在贸易、创业和平台经济发展等方面（Bloom et al.，2010；Acemoglu & Autor，2011；Goldfarb & Catherine，2019）。

但无论如何，不同学科和领域的研究都相继证明了数字金融的优势和益处，即数字金融为经济落后地区实现经济赶超提供了可能，即数字金融是实现低成本、广覆盖和可持续的包容性金融的重要模式，也是支持实体产业融合发展的重要支撑（康春鹏，2018；郭峰 等，2019）。因为数字金融的出现，加强了金融产品和服务的有效分配，缩短了金融机构与目标客户之间的距离，金融服务的可得性大幅提高，越来越多的原有客户使用手机银行和网上银行等新兴业务替代传统银行业务，并且让原本被排斥在正规金融体系之外的群体能够以较低的成本相对容易地获取金融服务，同时数字金融的发展对宏观经济增长和包容性金融发展的促进作用也越发显著（Sarma，2016；江小涓，2018；张勋 等，2019）。

近几年来，基于数字金融的融资、投资和支付等功能视角，越来越多的研究开始关注数字金融发展和电子商务、创业之间的联系（鲁钊阳和廖杉杉，2016；谢绚丽 等，2018；尹志超 等，2019）。谢绚丽等（2018）研究表明数字金融服务弥补了传统金融的不足，降低了中小微企业的融资成本，优化了金融生态环境，增加了创业企业的数量，并且对新增专利也有提升作用；何婧和李庆海（2019）使用农村普惠金融调查的数据，将农户对数字理财、信贷和支付产品的使用作为数字金融的代理变量，通过线性概率模型实证检验了使用数字金融对农户创业决策与创业绩效的推动作用，并发现使用数字金融能显著促进农户进行创业活动。

关于数字金融和农民增收的研究也在逐渐增多，大多数研究已经证明数字金融能促进农民增收，还有部分研究开始关注数字金融如何影响城乡收入差距，并初步证明数字支付、借贷和服务的使用能有效缩小城乡间的收入差距（张勋 等，2019；任碧云和李柳颖，2019；刘丹 等，2019）；也有研究通过对贫困户和非贫困户的对比发现，在微观层面上非贫困户能够利用数字金融产品提升收入，但贫困户却无法借此增收，数字征信和保险为主的"马太效应"还在逐步显现，不平衡问题依旧存在（王修华和赵亚雄，2020）；一些学者通过对数字金融如何影响消费进行研究发现，数字金融能够显著促进低收入与中等收入家庭居民的消费（南永清 等，2020；孙玉环 等，2021），张勋等（2020）构建了关于数字金融影响农村居民消费的理论框架，发现数字金融的支付便利性和降低不确定性预期等是缓解居民流动性约束的传导路径，并通过结合中国家庭追踪调查数据和中国数字普惠金融发展指数，实证检验得出数字金融虽然提升了农民的收入，但是对农民消费的促进作用并不显著。

1.2.2 乡村产业融合发展的相关研究

自古以来，农业是基础产业也是弱势产业，因为农业生产是季节性、周期性的，其生产过程受到自然风险、政策风险和市场风险等多重风险的影响，可是农业也是中国政治、经济和社会发展的基础保障。随着中国的农村改革和农业的发展，部分学者提出了"农业产业化发展"。具体而言，其主要是以市场发展为导向，通过龙头企业生产的专业化发展和区域化布局，将农业生产和再生产的各个流程环节整合为一个完整的产业系统，通过多元化和多层次的组合方式方法形成良性循环的发展机制（牛若峰，1998；陈吉元，1996）。农业产业化经营是中国农业经营体制机制的一种创新，能将家庭承包经营的稳定、现代经营理念和组织方式的改革、市场经济和行为的发展三者有机融合（牛若峰，2002；王昕坤，2007）。

随着理论界和实务界的深入研究和创新，农业产业化经营进一步创新演变为农村一二三产业融合发展和乡村产业融合发展。中国关于乡村产业融合发展的研究呈逐年上升趋势，尤其随着2014年中央农村工作会议提出"大力发展农业产业化，要把产业链、价值链等现代产业组织方式引入农业"，2015 年"中央一号文件"首次从国家层面提出"推进农村产业融合发展"，2020 年《全国乡村产业规划》明确提出要"注重产业融合，发展二三产业，延伸产业链条，促进主体融合、业态融合和利益融合"等，随着国内外乡村产业融合发展的实践逐渐增多，关于乡村产业融合发展的文献也随之不断丰富发展，但总体还是处于起步阶段。许多学者对乡村产业融合的内涵和发展现状进行了剖析，大部分研究将乡村产业融合发展等价于农业一二三产业融合。姜长云（2016）指出"三产融合"的基础是农业，其表现特征主要为延伸农村产业链，扩展产业范围，实现产业功能的转型升级，并通过产业间要素的流动和布局的优化实现融合渗透的新型业态和商业模式。随后，王乐君和窦广增（2017）认为通过产业联动、技术渗透和创新体制机制等方式，产业融合发展是一种能让多主体共享产业价值链提升所带来的增值的过程。肖卫东和杜志雄（2019）将"三产融合"界定为农业产业化的高级形态，是一种通过资源要素融合，各部门交叉重组，实现产业规模扩展的农业组织新方式。关于乡村产业融合发展的类型，通过对已有文献的梳理，乡村产业融合的类型和模式主要归纳为：农业多功能性的延展；新型城镇化的推进；乡村产业多功能的扩展；乡村产业新业态的培育；乡村产业的集聚发展；利益联结机制的完善等（龙文军和彭超，2013；谭明交，2016；赵霞 等，2017；陈秧分 等，2018；陈学云和程长明，2018；李晓龙和冉光和，2019；张林和温涛，2019；陈一明，2021）。总之，乡村产业融合发展的根本目的是通过要素集聚、技术渗透和制度创新，促进农业高质量发展、持续增进农民福祉，进一步加快实现农业农村优先发展（Hendrickson et al.，2008；周立，2018；肖卫东和杜志雄，2019；汪恭礼，2018；温涛和陈一明，2020）。

在许多国家，乡村产业融合发展的实践主要以多功能农业发展方式为主，并通过进一步深化供给侧结构性改革，完善农业要素市场价值的生产经营制度，从而激发农业的发展活力。如发达国家关于乡村产业融合发展的经验为我国提供了有益的基础，尤其是与中国乡村资源禀赋相类似的日本，今村奈良臣于 1996 年提出发展"第六产业"，即突破原有的产业边界，通过区域间的协作，不仅使得乡村一二三产业的效益能够发挥乘数效应，并且产生"1×2×3>6"的产业链和价值链延伸效益。日本政府于 2008 年出台《农山渔村第六次产业发展目标》后，更多学者分析发现日本的"六次产业"带来的乘法效应能增强农产品的国际竞争力，繁荣发展农村经济，提升农民收入等，对促进产业融合发展有着有益的启示（孔祥智和周振，2015；姜长云，2015；马晓河，2015；Onitsuka and Hoshino，2018）。

也有学者通过总结国外已有成熟模式，例如分析韩国的六次产业发展路径、利益联结方式和带来的社会收益，提炼出韩国乡村产业融合主要有产业链条延伸型、交叉融合发展型、技术渗透融合型和地区单位产业主导型等模式，从而提出在中国农业发展的现阶段，推动乡村产业融合发展的重要性和必要性，以及通过何种方式才能更好地推进乡村产业融合发展（陈秧分 等，2018；陈学云和程长明，2018；崔鲜花，2019）。此外，基于生态经济学和区域经济学的视角，乡村产业与旅游业的融合发展能够将农业资源作为一种资产，能在有效利用并更有效且有潜力地发挥农业的多功能性功能的同时，也能吸引更多的私人以及公共部门等对该地进行投资（Getz and Carlsen，2000；Roberts and Hall，2005；Garrod et al.，2006）。

在实证研究方面，大多数相关文献仅仅对小范围地区的乡村产业融合发展的水平进行了测度，即从行业层面或基于某个地区对其进行了测度，基于全国层面的研究暂且不多。从一定程度上而言，乡村产业融合发展是农村产业化经营的升级版，早期的研究中，王刚等（2009）创新地将管理科学与工程专业的方法运用于农业产业化经营的综合评价上，并基于层次分析法，对湖南省环洞庭湖区的县市数据进行评价，利用斯皮尔曼等级相关系数（Spearman）对其进行一致性检验。梁伟军（2010）率先使用赫芬达尔指数法（Herfinfahl）对农业类和生物类的上市公司样本进行了融合水平测度，但只是集中于中观层面的部分具有代表性的样本企业。苏毅清等（2016）认为农村产业融合的本质是促进农村这个特定区域产业间分工内部化，并选取了中东西部较有代表性的六个省市，基于劳动分工理论从程度、方式和目的三方面建立分析框架评价指标。陈林生和鲍鑫培（2019）选取作为现代化都市城市的上海作为研究对象，运用熵值法和灰色关联分析法，从金融保险支持以及整体经济社会情况等维度实证分析了从 2007 年到 2016 年上海市农业产业融合发展的变化趋势。但从更为宏观和全面的角度，现有研究关于乡村产业融合的指标构造和测度方面各有千秋，冯伟等（2015）认为产业融合的内涵在于农业与服务业和农产品加工业的协同发展，并以此从城乡一体化发展、就业与农民增收、服务业和农业的融合、旅游业和农业的融合以及加工业和农业的融合五个维度出发，构建了 20 个相应的指标对其进行评价。谭明交（2016）认为农村产业融合的实质是趋同过程中的一种均衡状态，并通过建立完全竞争和非完全竞争条件下的模型，分别对一二三产业发展水平，应用非参数局部线性方法的估计模型对农村产业融合路径和质量进行了分析，并进一步用 SAS 软件和投入产出分析法对农旅融合、技术要素信息产业与农业融合模式进行了计算。李晓龙和冉光和（2019）则以休闲农业经营收入、产业链延伸、新业态培育、服务业融合发展和农民专业合作社数量作为产业融合发展水平的综合评价指标体系进行了测度。

极少部分文献探析了影响乡村产业融合发展的动因和因素。例如朱湖根等（2007）将农业综合开发产业化经营项目的财政资金投入加入到传统的 C—D 函数中，通过计量分析和脉冲响应函数的实证分析，得出农业产业化经营中的财政引导机制的改善和财政投入资金的使用效率能促进农民持续增收。在较新的文献中，杨久栋等（2019）基于 2017 年全国农村固定观察点的专项调研数据，使用似不相关回归分析法（SUR）发现新型农村经营主体参与乡村产业融合主要受到两大类因素影响，即龙头产业经营规模的因素和龙头企业的市场因素。张林和温涛（2019）利用宏观统计数据以及重庆、四川、湖南等地的调研数据，总结出金融影响农村产业融合发展的不同模式，并建议应完善农村保险和资本市场，提高财政资金的预算科学性，推出满足多样化金融需求的农村金融产品和服务。刘斐等（2019）基于计划行为理论，利用 Logit 回归模式对 2018 年的调研数据进行了分析，发现农户对一二三产业融合政策的认知程度越高，农户愿意参与一二三产业融合的意愿越强烈。徐腊梅（2019）研究发现科技交叉渗透以及技术知识的外溢是实现乡村产业融合的根本路径。还有研究证明影响乡村产业融合发展的动力机制主要在于科技创新和组织创新，其次以利益共享的社会保障和市场支撑能够进一步推动乡村产业融合发展（梁立华，2016；刘国斌，2019）。此外，人力资本的开发，新型职业农民的培育、农业社会化服务的完善、文体娱乐固定资产投资的增加等都是推动产业融合发展的积极因素（熊慧平，2017；姜晶和崔雁冰，2018）。

随着中国乡村产业融合发展的实践逐渐增多，各地的积极探索和实验取得了良好的成绩。部分学者以案例分析为主，对乡村产业融合通过何种方式和利益联结机制对农民收入的影响进行了分析，如，郭军等（2019）采用多案例分析法，选取了粮食主产区河南省作为案例的来源，对其乡村产业融合的发展模式进行了剖析，研究发现农村一二三产业融合通过产业内部循环模式，农企联合的产业链延伸模式以及农旅结合的交叉模式等，会对农民收入产生影响，但也提出不同的融合模式在对农民收入增加的过程中所产生的问题，并提出相应的解决方案。通过对湖南一家农民专业合作社的分析，李明贤和刘宸璠（2019）得出合作社能通过销售、服务和租赁行为的连接，带动一二三产业融合发展并助力农民持续增收。但截至目前，相应的实证研究和系统性研究依然缺乏，需要进一步优化完善。

1.2.3　数字金融与乡村产业融合发展研究

部分理论和学术研究已证明金融的存在有助于实现社会目标，社会的进步能够进一步推动金融在资源有效配置方面的作用。金融发展水平越高的国家，经济增长越快，金融并不是一场零和游戏，金融自身对风险有着有效管理的作用，并且金融还可以引导经济的发展和增长（King & Levin，1993；Rajan & Zingales，1998；Shiller，2013）。近年来，随着信息技术的突破和不断扩大的应用范围，数字金融能够通过促进供给和需求端的结构匹配，通过颠覆资源利用和商业传统模式，打破以往产业间的边界，进一步降低市场的交易成本，促进实体经济的发展，并推动经济效率的变革和提升，有助于加快培育新动能，推动经济实现高质量发展（马化腾，2017；徐晨，2017；马建堂，2019；李伟，2019）。此外，还有部分学者认为数字经济和数字金融的发展能够实现哈耶克所提的知识与秩序理论的第三个阶段，并且作为合作秩序的一种，其能够推动知识和数据的深化和广化，从而优化社会结构（哈耶克，1960；Felson，1978；Porter & Karmer，2011；谢志刚，2015）。国外已有研究结果表明，在乡村的发展过程中，金融是关键的推动因素，但在金融促进乡村发展的过程中政府的适当干预也必不可少；此外，涉农金融机构在服务乡村产业发展的过程中，应该对生产、供应、加工、销售、运输和管理等不同活动提供有效的金融服务，亦即要注重经营主体内的资金运转效率提升，要有针对性地提供季节性和多品种的贷款产品，也要促进多种金融机构的良性竞争（Badulescu et al.，2016；陈一明，2021）。

近年来，少许研究数字金融与乡村产业融合发展的文献进行了规范性的分析，研究结果表明数字金融能够有效提高乡村产业融合发展，并且借助信息技术的发展，为乡村产业融合发展主体提供了多元化的金融产品，但是也存在相应的风险边界、成本边界、能力边界和人才边界等困境，因此我们需要完善农业保险市场，培育相关的复合型人才，并且健全相关法律监管，才能创造良好的农村金融生态环境（黄益平和黄卓，2018；许梦博，2018；温涛和陈一明，2020）。何宏庆（2020）通过理论分析得出，数字金融提高了乡村产业融合发展对金融可获得性，扩大了乡村产业融合发展的融资范围，增加了乡村产业融合发展的金融供给，并与传统农村金融服务机构逐渐形成了优势互补的格局。

乡村产业融合是一项复杂的系统性工程，需要强有力的金融支持。目前关于数字金融和乡村产业融合发展关系的实证研究指出，现阶段乡村产业融合发展的资金需求十分旺盛，需要更多样的金融供给。在研究乡村产业融合发展对农民收入增长的影响中，大部分研究结果证明了乡村产业融合发展能够促进农民增收，但不同的产业融合模式产生的效果却有所差异，如基于 SCP 范式的分析发现生态农业和农旅融合模式对农民增收的效果比种养产业化模式更为显著；而且不同地区的产业融合发展对农民增收的促进程度也有所不同（闫磊 等，2016；刘宇鹏和赵慧峰，2016）。在中微观层面，李云新等（2017）基于对湖北省 345 个农户的调查问卷，将农户的收入使用政策评价方法（ATE）和倾向得分匹配的方法进行分析，结果显示参加了产业融合的农户收入水平增加了近 59%，即农村产业融合能明显促进农户的增收。此后，李晓龙和冉光和（2019）基于农村产业融合发展、农村经济的增长再到城乡的收入差距这个传导机制，采用广义矩估计（GMM）和最小二乘虚拟变量估计（LSDV）对中国 30 个省级行政区的数据进行机制检验，发现农村产业融合发展有利于缩小城乡收入差距。还有研究基于双重差分法和门槛模型检验等计量方法进行实证研究并发现，产业融合发展可以通过其不同的融合模式促进农民家庭经营收入、工资性收入、财产性收入和转移性收入持续增长，进而促进农民人均纯收入增长，但这种作用效应因为乡村产业融合发展水平及外部环境差异而存在异质性（张林和温涛，2019；肖卫东 等，2019；张林 等，2020）。此外，张岳和周应恒（2021）基于文献和理论分析得出，数字金融能够通过"增量补充"与"存量优化"改善"三农"领域资金匮乏的现状，并通过省级数据的实证研究发现，数字金融的信贷业务对农村产业融合的促进作用最大，其次是支付业务，而保险业务对我国产业融合发展的推动作用相对较小。在关于乡村产业融合发展的主力军——新型农业经营主体的研究中，杨久栋等（2019）基于中国农村固定观察点的数据分析认为，大多数从事融合型产业的新型农业经营主体已经与许多农户建立了利益联结，并且在金融支持和技术支持方面有越来越多的刚性需求。

总体而言，对数字金融与乡村产业融合发展的问题给予专门关注的研究甚少，即便有所涉及其所得结论也大都发轫于学者对现实进行的经验分析或感性推测，而专门针对数字金融与乡村产业融合发展的系统性研究几乎处于空白，关于二者间关系的实证研究和定量分析更是鲜见，数字金融与乡村产业融合发展的机制并未得到充分揭示，并且已有实证研究主要集中在将乡村产业融合发展作为自变量，将其作为因变量的研究很少，而针对数字金融对乡村产业融合发展的效应的研究几乎为空白，因此很多问题值得进一步地剖析。

1.2.4 简要评述

数字金融本身就是一个较为新颖的时代产物，学术界对其的研究整体上处于起步和快速发展阶段。随着数字金融活动与社会生活联系的日益密切，许多新的社会经济现象需要深入研究。目前关于数字金融的研究大多数集中在信息化领域，部分学者开始关注研究数字金融与贸易、企业、宏观经济、创业的关系，涉及数字金融和"三农"领域的研究不多，即便有所涉及也大多集中在以某一年的数据为主，或是在案例分析以及定性分析方面，也有部分研究开始探究数字金融与城乡收入差距、创业或消费之间的关系。

乡村产业融合发展是产业发展中的一种创新实践，是农村产业化经营发展变化后的一个新形式，也是中国"三农"高效可持续发展所必须攻克的一项新挑战。因此，相关研究逐步引发了各行各业的高度关注。目前，关于乡村产业融合的分析大多集中在理论层面。但随着乡村产业融合发展的进程，我们通过对已有文献的梳理发现：部分学者开始以案例分析为主进行研究；相关实证研究不多，只有一小部分学者对乡村产业融合发展的指标体系和测度方面进行了实证检验，已有研究大多局限于个别地区的产业融合水平测度，无法从更为宏观的层面更好地厘清乡村产业融合的态势；其余研究则主要集中在检验乡村产业融合发展对农民收入以及创业方面的影响。尽管如此，现有的文献仍为本研究提供了进一步研究的理论基础。为此，随着乡村产业融合的进一步发展和推进，构建出更加科学合理的乡村产业融合评价指标体系尤为重要。

金融是一种先导要素，能够优化资源配置，因此，乡村产业的融合发展离不开金融的支持。特别是数字金融有利于缓解传统的金融排斥，对其他生产要素进行赋能和增效，并实现自我的更新迭代，产生"1+1>2"的效果，从而能够为解决"三农"领域现实问题提供更有效的引领路径和支撑作用。具体而言，已有研究显示，数字金融能够突破时空限制、降低信息不对称程度（Beck et al., 2018），并向欠发达地区和有金融服务需求的弱势群体提供便捷的金融服务；同时还能解决传统金融机构交易成本高和规模不经济等问题，更加有利于促进中小微企业和农户等的创新创业发展；其还能降低农业风险，进一步支持乡村产业的升级等（马九杰和吴本健，2014；余文建和焦瑾璞，2016；张栋浩和尹志超，2018；谢绚丽 等，2018；孔荣和苏岚岚，2018；何婧和李庆海，2019；徐腊梅，2019；温涛和陈一明，2020）。总之，现有研究成果为本研究提供了进一步深入研究的基础，但随着时间的推移和数字金融普惠性范围的增大，相关研究也亟待进一步向前推进。

综上所述，目前关于数字金融与乡村产业融合发展的研究引起了学者的广泛关注。如，关于乡村产业融合发展的研究，现有文献大部分集中在农村一二三产业融合发展的内涵定义、模式演变和未来路径选择上，这为本研究进一步厘清乡村产业融合的内涵提供了前期基础；关于农村产业化经营、农村产业融合指标构建等的研究，为本研究构建更为科学的乡村产业融合指标体系和测度奠定了有效的基础；关于金融发展与乡村产业融合发展的研究，大部分已有文献主要集中在现状、问题、对策的理论分析层面，缺乏打破"黑箱"的实证研究和效应分析；极少数有关乡村产业融合发展的实证研究，主要是将其作为自变量来衡量融合发展与农民收入的关系，这为本研究提供了有益的借鉴，但将其作为因变量的研究不多。现阶段，国内外已有研究中，关于数字金融对乡村产业融合发展的促进机制研究的相关文献并不多见，对数字金融与乡村产业融合发展两个领域分别进行了研究的有之，关于系统性探析数字金融与乡村产业融合发展的研究几乎为空白。

国内外丰富而深刻的理论与应用研究，为本研究提供了理论借鉴和逻辑起点，国外较为成熟的实证研究方法和手段也值得学习，但直接套用其他国家的模式与经验进行分析存在一定的约束。中国农业对全方位、创新性、特色化和可持续的金融需求逐步增加，随着中国数字金融的快速发展和演进，金融的社会责任也在逐步凸显。为此，学术研究须在把握经济社会发展新的阶段性特征基础上，基于现实国情进行。基于中国特色的数字金融与乡村产业融合发展的效应研究，体现了创新、协调、绿色、开发、共享的理念，能够进一步丰富对乡村产业融合发展历史演变和未来发展的认识，扩展数字金融支持和赋能"三农"发展的领域和空间，是农业增效、农民增收、农村增绿的有效途径，是促进乡村产业兴旺的重要举措，是中国农业应对国际竞争的客观要求，更是促进助推乡村振兴的必然选择。目前，全面探析数字金融对乡村产业融合发展效应的研究还有很多进一步深入的空间。因此本研究是具有创新性、开拓性和挑战性的。

1.3　研究目标与内容

1.3.1　研究目标

（1）在研究视角和理论创新层面，以中国现实问题为导向，交叉融合多领域知识，以期探索归纳出数字金融促进乡村产业融合发展的作用机理。实践孕育着新的理论，新的理论又反向优化实践的路径。数字金融与乡村产业融合发展在全球都是一个新的领域，当前，中国的数字金融发展在全球已处于前列，因此现阶段，中国农业农村的数字化转型在全球缺乏可以借鉴的经验，需要我们自己走出一条可持续发展的中国特色农业现代化发展转型道路，并系统性地对数字金融与乡村产业融合发展进行研究，从而对乡村产业融合发展和数字金融等研究领域有一定的理论补充。

（2）在实证研究和数据分析层面，将宏观数据和微观调研数据有机结合，从多个维度并用多种方法解析数字金融对乡村产业融合发展的效应。本研究一方面研究数字金融对乡村产业融合的宏观效应，另一方面进行微观效应检验，进而使研究更加全面和严谨。在宏观效应分析层面，本研究基于中央政策文件的提法和要求，在阅读相关文献的基础上，对相关的各种理论和方法进行梳理、整合后，将更为精练地选取具有代表性的二级指标，完善中国乡村产业融合发展的指标构建和测度，更为精准和精练地测度和分解乡村产业融合发展水平，并从时间维度和空间维度对其进行区域差异排序和分析，并结合现实发展情况探索其差异度产生的原因。在微观效应分析层面，本研究首先通过借鉴国内外已有文献、智库报告和专家咨询等，并结合对部分农业经营者的深度访谈，提炼数字金融对乡村产业融合发展过程中的各种影响因素；其次通过对新型农业经营主体的调查问卷设计和实施，组织团队前往云南、贵州、四川、重庆和湖南地区进行实地调研，并获得较为独特的一手数据，在此基础上进一步通过实证探寻数字金融对新型农业经营主体从事乡村产业融合发展的微观效应和作用效果。

（3）在案例分析和实践提炼层面，着力探寻和剖析数字金融促进乡村产业融合发展的实践经验和典型案例。本研究在运用传统经济学范式，即在使用理论模型、计量分析进行研究的基础上，还将结合管理学的案例分析方法，选取具有代表性的中国特色实践模式和案例进行剖析，通过个案深入研究和双案例对比研究法，对所选取的典型案例进行总结提炼和分析，从而能更深入地剖析中国问题，使整个研究形成一个从定性到定量再到定性的完整的闭环。通过总结归纳数字金融促进乡村产业融合发展的典型实践模式，提炼案例中蕴含的具有中国特色的乡村产业融合发展的规律，具有重要的现实意义和理论价值。

（4）在政策研究层面，为了更好地发挥数字金融对乡村产业融合发展的促进作用，将基于现实障碍针对性地进行相应的机制创新。乡村产业融合发展是一个极具复杂性和挑战性的过程，不仅需要数字金融的支持和相应金融体系的参与，还需要社会的包容、市场规模的优化以及相应制度法律的保障。随着科学技术的发展，信息网络、教育资源、物流体系和社会资本支持等方面的体制机制日趋完善，将为实现数字金融促进乡村产业融合发展过程中的资源优化配置和效率提质增效提供有力保障。

1.3.2 研究内容

乡村产业融合发展是实现农业农村现代化发展和乡村全面振兴的必然选择，迫切需要金融的大力支持，特别是数字金融的支持。本研究将系统地探索数字金融对乡村产业融发展的关系机理及宏观、微观效应，总结和提炼数字金融促进乡村产业融合发展的可借鉴、可推广和可复制的中国实践经验与发展规律，进一步全方位、多层次地探索并提出相应的机制创新保障。具体研究内容主要包括以下几个方面：

第一部分：研究背景与问题提出。设计为第一章和第二章，主要是介绍本研究的研究问题、研究思路、研究方法以及相关的文献综述等。即，第一章导论，主要是对论文的研究背景、问题提出、研究目标、研究内容、研究方法、技术路线和创新点进行介绍，并明确本研究的总体思路和研究特色。第二章为理论借鉴与文献综述，主要对产业发展理论、金融发展理论等相关文献进行梳理，并对目前相关领域的研究进行综述，以掌握最新研究成果并明确针对现有研究中的不足提出探究方案。

第二部分：历史演进与理论框架。设计为第三章和第四章。第三章首先对乡村产业融合发展、数字金融的演变历程分别进行阶段性的划分，其次依照时间顺序对二者发展的变迁脉络进行梳理，最后总结归纳相关的国内外实践模式和成功经验，从而为厘清二者融合发展的内在逻辑关系打好基础。第四章主要构建二者影响关系的理论框架，以经济学基本的供给和需求分析为逻辑起点，结合相应的文献和现实分析，深入地进行外部条件分析、激励与约束分析等，并进一步探析相应的机理和作用机制。

第三部分：宏观层面和微观层面相结合的实证分析。本部分设计为第五、六、七章。第五章在参考国内外已有的相关文献和政策文件基础上，进一步建立符合现阶段的乡村产业融合发展评价指标体系，测算各地区的乡村产业融合发展水平，并对不同地区间差异进行比较分析。首先，准确全面地测度数字金融对乡村产业融合发展的影响是本研究的关键所在。其次，结合前两部分已厘清的数字金融与乡村产业融合发展的传导机理，通过宏观数据建立面板实证模型，实证分析数字金融对乡村产业融合发展的宏观效应，并利用空间计量模型进行对可能存在的空间溢出性进一步地实证检验。再次，第六章为微观效应实证分析。其次，结合前两部分已厘清的数字金融与乡村产业融合发展的传导机理，通过宏观数据建立面板实证模型，实证分析数字金融对乡村产业融合发展的宏观效应，并利用空间计量模型对可能存在的空间溢出性进行进一步的实证检验。再次，第六章为微观效应实证分析，该章节结合农村金融调研的独家数据进行微观层面的分析和测度。即，通过对云南、贵州、四川、重庆和湖南地区的新型农业经营主体的问卷调查进行统计分析，实证分析使用数字金融对新型农业经营主体从事乡村产业融合发展的作用效果，并进一步探析还有哪些因素会对其从事乡村产业融合发展行为产生显著影响。第七章对数字金融促进乡村产业融合发展的典型案例进行剖析，从中总结提炼出相应的规律，并进一步对相关经验进行梳理总结。

第四部分：机制创新、研究结论与未来展望。设计为第八章和第九章。基于前面几部分有关数字金融对乡村产业融合发展效应的研究剖析，结合宏观层面和微观主体的实证效应研究结果，对匡内外已有模式和典型案例的规律进行总结；根据目前研究所发现的现实障碍，提出突破既有的现实障碍需要的机制创新，并系统地设计相关突破路径和机制创新保障；进一步探寻为了形成可复制、可推广的中国智慧，实现数字金融促进乡村产业融合发展的可持续态势；提出本研究不足之处和未来的研究展望。

1.4 研究思路和方法

1.4.1 研究思路

在世界面临百年未有之大变局的时代，我们要立足当前、着眼长远、科学应变、主动求变。本研究的总体目标是基于科学的理论和方法，联系当前国家推行的乡村振兴战略、农业农村现代化发展和农业供给侧结构性改革的宏观背景，通过探索数字金融对乡村产业融合发展的效应研究，即通过相关的机理剖析，构建相应的理论框架，实证检验宏观效应和微观效应，分析典型案例和运行规律，并发现待解决的现实障碍所在，最终系统地提出相应的机制创新保障和政策建议。

本研究的思路是综合运用定量与定性研究相结合、理论分析与实证分析相结合、宏观与微观相结合的方法；遵循的是"问题提出→概念剖析→理论构架→实证效应分析→案例分析研究→机制创新探索"的逻辑思路。具体包括理论、实证和对策三部分。具体可概括为：文献回顾、评述与借鉴；理论内涵，即概念、特征、关系、目标、过程、要求等；必要性和重要性，即分析我国数字金融、乡村产业融合发展的现状和存在的问题，进一步阐明研究背景和意义；机理，主要包括可持续发展系统构成、关系、内在动力、约束条件；效应检验，主要包括影响因素、决定因素、宏观检验、微观检验、案例分析等；实现途径，主要包括内在要求、原则手段、评价标准、法律保障等；研究结论与政策运用。

具体而言，本研究一是运用历史分析、结构分析和比较分析等方法对数字金融以及乡村产业融合发展的历史进程进行梳理；同时结合运用多种统计分析方法，对乡村产业融合发展程度进行分析，并探究不同地区产生差异的原因。二是通过逻辑推断和文献总结，并依据金融发展理论、产业发展理论中的经典理论，构建相应的理论框架和机理分析，设计相应的实证分析，进一步剖析数字金融能否促进乡村产业融合发展。三是采用空间计量模型进行分析，探析数字金融对乡村产业融合发展的宏观层面影响效应，检验数字金融对乡村产业融合发展的空间溢出效应，并通过相应的量化分析和探索为后续的机制创新部分进行铺垫。四是基于理论研究，设计相应的调研问卷，利用实际收集的微观调研数据，对数字金融影响乡村产业融合发展的微观层面效应进行分析和检验。五是通过对国际国内的实践探索的分析，总结已有的实践模式，分析其运行机理，并采用双案例对比分析法探寻相关规律，从而更好地论证数字金融对乡村产业融合发展的效应，进而提出切实可行的机制创新和政策建议。总之，本研究在理论和实证上的创新之处具有一定的创新性、开拓性和挑战性，具有重要的理论意义，而且具有更加突出的现实价值。

1.4.2 研究方法

本研究注重将规范研究和实证研究方法相结合。规范研究方面主要以文献研究法、演绎分析法和案例分析法为主；实证研究方面则重点利用主成分分析法、普通最小二乘法、空间计量分析法、工具变量法、Probit 模型法等计量分析模型和方法。具体而言，本研究首先对数字金融和乡村产业融合发展进行界定和内涵外延的揭示，并以此为基础展开理论分析。其次，利用面板数据和空间计量模型等进行数字金融对乡村产业融合发展的宏观效应检验和稳健性分析。再次，利用田野调查和问卷访谈等方式，基于在中西部所采集的调研问卷数据进行微观效应的实证分析和检验，并进一步选取中国西部的四川彭州和少数民族地区的广西田东农村改革试验区，进行双案例对比分析和规律提炼。本研究利用多种方法和模型，使用宏观数据和微观数据及案例分析相结合的方法，宏观微观互补，定量定性呼应，点面结合，对数字金融促进乡村产业融合发展进行了效应验证。为此，本研究主要使用到以下几种典型的研究方法：

（1）问卷调查法。本研究将参照部分高校、科研机构以及世界银行的研究经验，设计出更为符合中国国情的问卷，然后，同团队成员奔赴设定的拟采样省区市进行实地调查，进行调研问卷数据采集。

（2）对比分析法。在金融促进乡村产业融合发展方面，不少发达国家和现代化进程较快的国家已经取得了一系列成就，这些国家也收获了极好的社会效益，因而对这些国家的成功经验进行研究整理是非常有必要的。同时，在我国的实践探索发展过程中，我国也形成了一系列成功的模式，因而我们须对各地通过数字金融促进乡村产业融合发展形成的较为丰富和具有代表性的实践，进行案例对比分析，提炼相关经验和规律。

（3）计量经济方法。基于省级面板数据、微观调查数据和中国的典型案例追踪数据，本研究重点利用主成分分析法、熵值法、空间面板计量分析法、OLS 估计法、工具变量法（IV）、Probit 模型等计量分析方法进行分析。本研究在结合时代背景和分析国内外研究现状的基础上，提出相应的研究问题、目标和解决方法。

具体的技术路线如图 1.1 所示：

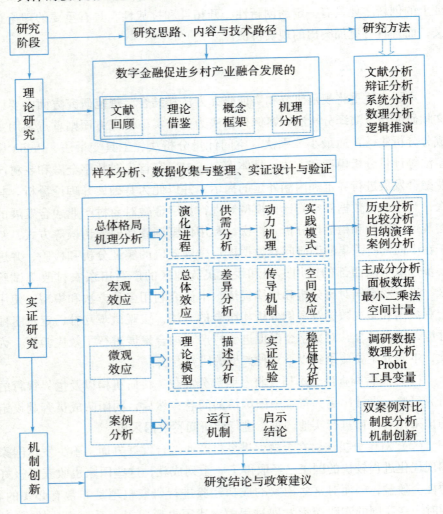

图 1.1　研究的技术路线

1.5 研究资料与数据

1.5.1 研究资料

本研究属于现实背景下的应用性研究。本研究首先通过文献查询和网上查阅等，如国内外权威性学术期刊、研究报告、全国优秀博士论文、政府工作报告、"中央一号文件"等获取了所需的相关研究资料，力求论据充分，数据详实，实证有理有据。其次，本研究利用宏观和微观调查两方面的数据进行了重点分析，即重点利用国家法定或权威的数据资料，如《中国统计年鉴》、各省市统计年鉴、国家统计局相关数据、北京大学普惠金融研究院相关数据、WIND 万德数据库、中经网数据等；同时利用导师团队实施的微观调查项目——中国农村经济与农村金融调查（China Rural Economy and Rural Finance Survey，CRERFS）调研数据，重点收集的新时代中国农村金融改革与创新和乡村产业发展等情况及其相关信息；2021 年基于对云南、贵州、四川、重庆、湖南等中西部 5 省（直辖市）的调查数据。最后，通过实地调查和资料分析相结合，本研究在利用大量政策文件、现有研究成果和文献资料的同时，选取具有代表性的地区进行田野调查和深度访谈，并搜集丰富的第一手案例素材，为本研究第七章节典型案例分析奠定了材料基础。

1.5.2 研究数据

宏观数据部分：重点利用国家法定或权威的数据资料，如《中国金融年鉴》《中国工商行政管理年鉴》《中国统计年鉴》《中国人口劳动统计年鉴》《农业统计年鉴》《中国农产品加工业年鉴》《中国休闲农业年鉴》以及不同年份的各省市区统计年鉴，国家统计局相关数据，北京大学普惠金融研究院相关数据，EPS 数据库，万德数据库（WIND）等，部分权威性学术期刊和研究报告的数据。

微观数据部分：主要分为访谈调研和问卷调研两部分。访谈调研部分，一是 2018—2021 年，笔者随导师团队参加农业农村部农村改革试验区评估时进行的访谈调研，主要走访了山西、河南、广西壮族自治区、宁夏回族自治区等改革试验区，通过访谈法和不同的农户、新型经营主体等进行深度交流访谈，询问其是否了解乡村产业融合发展，是否从事相关生产经营活动，并且记录其在进行乡村产业融合相关项目时所遇到的困难。二是笔者与中国农业银行等金融机构相关从事"三农"工作的人员进行了交谈，从而更切实地了解相关的现实障碍。三是在基于对研究主题有了感性认识的基础上，笔者通过参与学术讨论交流会与同行学者进行交流探讨，进一步优化微观部分调研问卷设计。四是在前期访谈调研基础上，笔者于2021年4月在重庆周边城区进行了预调研，在与受访者和村委通过问卷进行问答和后续交流后，进一步优化了相应的问卷设计问题。问卷调研部分，在问卷调研选择上，由于现阶段从事乡村产业融合发展的多为种养殖专业大户、龙头企业、合作社、农业产业化组织、家庭农场等新型农业经营主体，因此本研究采取农户和新型农业经营主体两套问卷进行调研。故本研究所用微观调研数据来自2021年中国农村经济与农村金融调查（CRERFS 2021），其是中华人民共和国农业农村部政策与改革司和西南大学经济管理学院合作完成的微观调查项目，该项目2021年首轮的调查范围是云南、贵州、四川、重庆和湖南中西部地区，最终获取小农户样本1620份，新型农业经营主体样本780份，村级问卷156份。

1.6 创新与不足

1.6.1 创新之处

（1）研究视角和内容的突破与创新。本研究以中国现实问题为导向，交叉融合多学科、多领域知识，初步探索归纳出了数字金融与乡村产业融合发展的关系特征及供需发展态势，为构建数字金融促进乡村产业融合发展的机制创新提供有益的理论支撑和实证依据。

数字金融已经成为学术界和实务界关注的热点问题之一，其对社会经济发展的现实意义也广泛受到政策决策者的重视，然而全球范围内相应的研究却刚刚起步。故本研究以较新的视角，应用辩证法思维，通过交叉融合多学科理论，即对农业经济学、金融学、信息学、产业经济学等多学科、多领域相关理论和文献进行梳理和交叉研究，并结合"三农"实际发展情况，从数字金融特征和内容的多个领域入手，探析和构建数字金融对乡村融合发展的模式和机制。同时，本研究剖析了"如何促进"的动力问题，并积极探索"如何正确有效地促进"的内在规律和发展趋势等问题。因而本研究并不仅限于数字金融对乡村产业融合发展的促进模式和实践分析的定性讨论，而且还对相应的结构变化、时空分布、影响效应和作用机理等进行了系统的数理分析和实证研究。

（2）宏微观双重层面研究分析的多样性。本研究尝试构建乡村产业融合发展指标体系，综合运用多种统计方法研究数字金融对乡村产业融合发展的影响，利用宏观数据进行总体效应评价，利用微观数据进行实际效应检验，利用案例分析进行规律探索。

本研究利用多种方法和模型，使用宏观数据和微观数据验证同一个问题，从而更全面地反映出数字金融与乡村产业融发展的动态效应及其相互关系。首先，本研究使用主成分分析法对乡村产业融合发展进行指标降维处理和测度分析。该方法是客观赋权的一种方法，能较大限度地保存二级指标的信息，并且某一指标在研究期限内变化程度越多，其权重越大，所以能对乡村产业融合发展进行更为精准的识别和分析。其次，本研究在对总体效应进行分析时，利用面板计量分析法、空间计量模型等进行宏观数据的检验。本研究使用传统的最小二乘法模型、空间计量模型等分析工具，对数字金融影响乡村产业融合发展进行了实证分析，并通过更换被解释变量和测量方法、更换空间权重矩阵、增添控制变量四种方法进行稳健性检验。再次，在微观调研层面，本研究主要利用田野实验、微观调研、问卷访谈等方式，利用农村金融大调查数据进行分析和检验。最后，本研究结合国内外特色典型案例进行进一步补充论证，从而使研究形成一个从定性到定量，再到定性的完整的闭环，能更广更深地对数字金融与乡村产业融合发展的相互关系和机制模式进行剖析。

（3）研究框架的系统性构建和问题的拓展性研究。本研究初步系统性地探索了数字金融对乡村产业融合发展的运行规律、创新机理和可持续发展模式，基于不同层面和方法的研究结论以及分析得出的现实障碍，提出相应的促进机制创新，推动各地加快通过数字金融促进乡村产业融合发展的步伐。

关于数字金融和乡村产业融合发展两方面的相关研究都才刚刚起步，更是鲜有研究系统性地研究探寻数字金融对乡村产业融合发展的促进机制并进行剖析。本研究通过定性和定量分析的结合，探索出相应的系统性发展规律。第一，本研究在传统的归纳和演绎方法的基础上，进一步采用溯因推理法和外展推理法（retroduction or abduction），对国内外相关理论的发展、研究动态、制度创新等内容进行系统归纳总结，为后续研究的理论分析和度量方法提供理论依据，并演绎推理揭示其识别机制、形成机理及关系，从而能更有效地对二者相互作用的机理进行剖析。第二，本研究根据已有的统计资料及调查数据，实证探析了数字金融对乡村产业融合发展的宏观和微观效应；从多维度、多视角、多角度，利用多种实证方法，深入检视数字金融对乡村产业融合发展的影响，拓展了研究维度、研究视角、研究角度及研究方法，提供了科学的实证依据。第三，规范性分析与实证性分析相结合，整体分析和个案分析相结合。本研究基于笔者在农村金融改革试验区调研所记录和搜集的典型案例和实践模式，结合社会学、管理学分析范式等进行剖析解构，深入分析揭示数字金融运行机制，即数字金融所具有的跨时空性、效率性、可负担性、渗透性等有助于缓解传统的信贷融资约束，有利于优化金融供给，有助于解决农村金融服务"最后一公里"的瓶颈。

在宏观层面，实体产业的发展需要经济和金融的支持，作为关键投入要素和先导要素，金融在产业的形成、发展、升级和融合的各个阶段都起着至关重要的作用，尤其是以数据这种新型生产要素为主的数字金融服务新业态，会对生产要素组合带来突破性的改变。社会生产通过要素禀赋结构的升级，在传统生产函数模型的基础上，数据和信息也能作为新型生产要素投入生产，新的生产要素将带来新的生产方式，重构资源配置系统。这不仅能够降低信息不对称程度，降低交易成本，优化要素流动通道，还能提升风险控制效率，进而有利于提高生产效率，提升经济增长质量，更好地优化要素间的资源配置，促进乡村产业融合发展。在微观层面，数字金融有利于通过其高渗透性和外部经济递增性等特点扩大金融服务的覆盖面，通过对称信息减少道德风险和违约风险，从而缓解新型农业经营主体的资金约束，并且更加高效快捷地填补其资金缺口，因此数字金融已成为促进乡村产业融合发展和提质增效的关键要素。

1.6.2　存在的不足

一方面，在宏观分析层面，本研究虽然从理论层面和政策文本分析中，能设计出与乡村产业融合发展相关的多项三级指标，但受限于统计数据的匮乏和各省统计口径的差异，不得不删除一些指标，只能保留部分能找到数据的指标，基于此对乡村产业融合发展进行测度。此外，截至本研究完成之时，本研究范围内的乡村产业融合发展的相关指标大多数只公布到了 2018 年，并且没有相应的地级市指标，故本研究暂且只能使用截至 2018 年的省级面板数据，但笔者在后续的研究中会继续深入探索。

另一方面，在微观调研层面，考虑国内数字金融在金融和信息技术更发达的中东部地区较为普及，相应的宏观层面实证结果可能存在地区性差异，为了更全面地反映数字金融对新型农业经营主体在乡村产业融合发展方面的影响现状，本研究没有对东部地区进行调研，选取了相对欠发达的中西部地区，即微观调研主要是云南省、贵州省、四川省、重庆市等西部地区，以及中部的湖南省，在调研过程中，关于样本的区位选择，可能也会对结果造成一些偏误；并且由于数字金融在中国尚且属于新兴事物，调研也仅有当年的数据，由于数据和样本量的限制，所以在本研究的微观实证分析中暂时无法进行周期和动态的检验。

第 2 章　理论借鉴和概念界定

　　理论和实践是相辅相成、辩证统一的。理论是实践的基础，科学的理论对实践又具有积极的指导作用。因此，本章在明晰研究目标的基础上，进一步对相关理论和研究文献资料进行了梳理和阐述，从而为后续章节论述，特别是为机理分析和实证研究奠定了坚实的理论基础，并提供了科学的理论依据。本章的主要内容是：回顾和总结关于产业发展理论（主要包括产业组织理论、产业链理论和产业融合理论）与金融发展理论（主要包括金融抑制论、金融结构论、农村金融理论以及金融科技理论）的演进脉络及已有研究成果，并在此基础上对本研究的核心概念进行界定和阐释。

2.1　产业发展理论

　　产业系统是一个复杂的经济系统，是在一定环境约束下由技术、管理、人才、信息、市场、资源和生产等要素相互作用形成的有机结合体。因此，产业发展将沿着合理化、协调化和高附加值化的方向进行。随着产业发展的扩大，不少研究已经证实产业集聚可以带来外部经济效应，产业集聚有助于各类知识的扩散和传播，并且地方产业聚集（local industrial clusters）能够通过发挥国际国内市场竞争优势和产业组织优势推动世界各地的经济增长（Krugman，1991；王缉慈 等，2001；麻昌港，2010；张元洁和田云刚，2020；刘新智 等，2022）。

2.1.1　产业组织理论

　　一般而言，组织可以看作一种能够强化知识作用的要素，1890 年马歇尔在《经济学原理》一书中提到：土地、资本、劳动几乎都是以某种组织形态进入生产过程的，即不同组织方式会有不同的阐述量，故"组织"应该被纳入生产要素当中①。产业组织理论的诞生是为了解决"马歇尔冲突"这一难题，即规模经济和市场竞争或垄断之间的冲突矛盾，以及产业内企业的规模经济效应和企业间的竞争活力的冲突。为了最大限度地提高劳动效率，20世纪中期，经济较为发达的国家采取了集中大规模生产的制造业生产组织方式。学术界开始通过市场组织结构来分析市场配置资源的绩效和竞争能力，哈佛学派的梅森和贝恩等学者建立了以市场结构-行为-绩效为主的分析框架，即SCP模型框架，该分析模型有利于深入具体环节，对产业进行系统性有逻辑的分析。20世纪末期，为了更好地分析企业策略性行为，新产业组织理论开始形成和兴起，该理论更加重视环境和厂商行为的互动关系；随后，可竞争市场理论、交易成本理论和博弈论等也逐渐被引入产业组织理论。研究表明，市场结构的重要影响因素之一就是规模经济，即规模经济对生产要素资源间的配置效率有促进作用（金碚，1999；臧旭恒 等，2007），而部分国家农业竞争力不强的原因之一就在于生产规模较小，并且没有进行一体化和专业化的生产，未能形成农业关联产业间的外部规模经济群体优势和内部规模效益（戴孝悌，2015）。

2.1.2 产业链理论

亚当·斯密在《国富论》中提出，企业在从事生产和销售的过程中，通过在外部采购原材料，进行加工再生产形成了产品，并将产品传递给新的用户和零售商，这一系列活动是产业链（Industry Chain）（Smith，1776）。当形成的产业链发展到了一定阶段，同一行业的内部分工会演化出不同行业和部门间的分工网络，并形成新的链条式关联，让交易成本低于内部企业的交易成本之和，并通过协作的乘数效应提升生产效率，延伸产业链，产生价值增值（Marshall，1920；哈里森，1993）。产业链也可以看作产业向前和向后的链接，也是一种由供应商、生产商、销售商和消费者组成的功能性网络系统结构，主要包括了企业链、供需链、价值链等维度，并且这种纵向链条式的连接形态系统包含着无数的信息流（谭明交，2016；李晓龙，2019）。这些信息流随着市场效率提升的需求逐渐增加，许多公司采用了纵向整合战略（vertical integration strategy）以提升其竞争力。例如，在碳酸饮料行业的产业链中，产业链上游的浓缩液品牌如百事

---

① ［美］阿弗里德·马歇尔. 经济学原理［M］. 上卷. 朱志泰，译. 北京：商务印书馆，1964：158.

可乐、可口可乐等和部分下游的装瓶厂家进行了纵向垂直的产业链整合，进而有利于消除双重边际化，增加市场供给量，增加所获利润，并使其价格分别上升了 2.2% 和 0.7%（Luco and Guillermo，2020）。

农业产业链作为产业链相关研究的一个新兴分支，涉及资源供给和需求市场的网络结构，其中农业或农产品是核心要素和起始点，它与种养殖、深加工、销售推广等农业产前、产中、产后部门紧密相连，共同构成了农业产业化的有机整体。农业产业链依据特定的逻辑关系和空间布局，有助于实现利益的增值。农业产业链融资业务主要依据产业链集群中核心企业和上下游客户之间的真实交易背景和资信实力。与传统融资方式相比，它更注重融资活动及融资产品的结构化设计模式，而非借款人的资产状况和信用等级（Miller 和 Jones，2010）。这使得农业产业链融资理论上适合于"三农"领域中那些缺乏抵押担保物的客户群体。在现代农业产业链的发展过程中，农村金融服务体系的支持不应仅限于信贷领域，为了更有效地助力产业链融资、电子商务和广泛的涉农项目发展，农村金融服务体系还应扩充支持信托、担保、农业保险和期货等多种形式。

2.1.3 产业融合发展理论

在乡村产业融合发展的国际研究中，约在 20 世纪 50 年代中期，美国哈佛大学的 Davis 和 Goldberg（1957）提出了"Agribusiness"，即农业综合经营和生产加工运输销售有机结合的农工综合体；随后 Reardon 和 Barrett（2000）进一步提出的"Agroindustrializaton"概念，受到国外很多学者的认同，这是一种在乡村发展升级过程中，全球的粮食体系随着乡村兴旺在加快转型的状态，主要包括了垂直协作体系（vertical cooperation）和纵向一体化发展给农业组织带来的正向影响，技术和市场结构变化给农业部门带来的转变，以及农业流通和加工业投入的增长等。直到 20 世纪 80 年代，国外对产业融合发展才真正开始了学术研究，Rosenberg（1963）是最早提出产业融合的人，他主要对美国机械设备业的演化进行了研究。1997 年欧洲委员会发布的绿皮书更是研究产业融合发展的一份重量级资料（European Commission，1997）。随后一些西方学者定义和分析了通信、媒体、计算机和制造装备行业的融合方式和发展战略，并进一步说明产业融合不仅是产业经济学的重要研究趋势，而且还将往更广的领域发散，并随着社会的发展进程成为主流的产业形态（Yoffie，1997；Alfonso and Salvatore，1998）。

随着中国农业农村的改革发展，在 20 世纪 80 年代后期，中国部分学者也提出了与之相应的"农业产业化发展"概念。其主要是以市场发展为导向，通过龙头企业生产的专业化发展和区域化布局，将农业生产和再生产的各个流程环节整合为一个完整的产业系统，并通过多元化和多层次的组合方式形成良性循环的发展机制（牛若峰，1998；陈吉元，1996）。近二十年以来，中国学者继续对产业融合进行了探索。其主要观点为：在社会生产力不断进步的过程中，产业融合的根本目的是实现更高的生产效率和经济效益（厉无畏，2002）；技术的创新为产业融合提供了一定的基础（马健，2002）；尤其是在未来社会信息化的进程中，产业融合发展能进一步促进资源的有效整合，促进人力资本的发展，进一步为产业增值和经济增长提供新动力（周振华，2003）；于刃刚和李玉红（2004）指出，产业融合主要是从边界明晰的壁垒分立阶段，到技术扩散使得传统产业边界趋于模糊的阶段，因而产业融合是一个动态演变的过程。随着理论界和实务界的深入研究和创新，农业产业化经营研究进一步创新演变为农业产业融合发展和乡村产业融合发展研究。

当前，中国关于乡村产业融合发展的研究呈逐年上升趋势，尤其 2015 年"中央一号文件"从中央层面提出一二三产业融合的概念后，许多学者对乡村产业融合的内涵和发展现状进行了剖析。大部分研究将乡村产业融合发展等价于农业一二三产业融合；姜长云（2016）指出"三产融合"的基础是农业，其表现特征主要为延伸农村产业链，扩展产业范围，实现产业功能的转型升级，并通过产业间要素的流动和布局的优化实现融合渗透的新型业态和商业模式；苏毅清等（2016）认为基于融合方向的维度，可将其划分为产业链的纵向融合和多功能的产业开发融合，基于融合结果的维度，可将其划分为多个产业吸收彼此成为共同产业的融合，以及不同产业拓展交叉集成新的产业；黄少安（2018）指出农业是中国政治、经济和社会发展的基础保障，因此乡村振兴的主业是农业，进一步优化农业结构、延长农产品加工服务业的产业链是重要发展方向；郭军等（2019）认为增加农产品的附加值是农村一二三产业融合的本质，因此可将产业融合细分为以涉农组织为主体的产业整合型，产业纵向延伸型，农旅教交叉融合型和以信息为支撑的技术渗透型。通过对已有文献的梳理，乡村产业融合的类型和模式主要可以归纳为：农业多功能性的延展；新型城镇化的推进；乡村产业多功能的扩展；乡村产业新业态的培育；乡村产业的集聚发展；利益联结机制的完善等（Hendrickson et al.，2008；谭明交，2016；陈学云和程长明，2018；周立，2018；汪恭礼，2018；李晓龙和冉光和，2019；张林和温涛，2019；肖卫东和杜志雄，2019；左停 等，2019；温涛和陈一明，2020）。

2.1.4 理论借鉴意义评述

从产业发展理论和相关研究可以看出，产业融合初始于产业间的技术关联。随着实践和理论的发展，产业融合的相关研究从产品、产业、市场等视角进行了扩展和补充。具体而言，较早时期，数字技术的出现产生了信息行业间的产业融合（industry convergence）；随后许多产业在产业间和不同产业行业中相互交叉渗透，不断形成新业态，并且通过技术创新的内在驱动力及产业间的渗透作用，提升比较收益和市场竞争力，优化产业的生产成本函数，降低相关的交易成本等。"三农"领域的产业融合发展研究，其基础也是基于产业发展的相关理论。因此，大多数学者认为，"乡村产业融合发展"和"一二三产业融合发展"的根本目的是通过要素集聚、技术渗透和制度创新，促进农业高质量发展和农民福祉持续增进，进一步加快实现农业农村优先发展。同时，通过对已有文献的归纳和总结，我们可将乡村产业融合发展分为以下几类：以设施农业和特色农业为主的产业内部融合型；以农产品加工纵向一体化和产供销一体化为主的产业链延伸融合型；以农民创业园和休闲农业为主的功能拓展融合型；以农村电子商务为主的科技渗透融合型等。这为后续研究的指标选取和微观部分的问卷设计提供了理论支撑。

与此同时，我们通过总结归纳产业链发展的相关理论和分析发现，若能通过发挥分工的网络效应和协作的乘数效应，并通过上下游多部门协作发展延伸产业链，模糊产业间的边界，就能进一步为产业融合发展创造新的有利条件。此外，有关产业链和价值链的研究成果也为进一步剖析本研究中的乡村产业融合发展提供了一定的思路和方向：乡村产业的发展不是单一层面的，需要向农村、农民等层面进行扩展，以农民利益和农村可持续发展为主；增强全产业链的信息传递功能，并全面为从业主体生产决策提供信息支持；不断加强高素质农民队伍建设；充分发挥产业链中合作社"亏损共担、利益共享"的功能，构建纵横融合的经营和利益机制；建设因地制宜的特色农产品和物资采购等不同形式的合作社等，最终实现产业链的延展、价值链的提升和产业范围的扩大并惠及于民。

综上所述，产业发展的效益提升关键在于产业融合发展。产业融合发展的本质是一种动态优化的过程。产业组织的优化为产业链的发展提供动力，产业链相关网络节点的有机结合为产业融合发展奠定基础。对于乡村产业融合发展而言，向后延伸产业链条，能够提升产业生产运营效率，降低农产品供产销等多环节的成本，实现一二三产业融合发展的价值链增值和农民增收。因此，相应的产业发展理论及文献研究成果为本研究奠定了基础，尤其是为后续宏观效应章节中的指标体系选择和构建提供了一定的理论基础。

2.2　金融发展理论

金融的发展是社会经济增长的一个充要条件，但不同的金融结构对经济的增长可能发挥的是正向促进作用，也可能是反向抑制作用。因此，金融发展和创新的相关理论是本研究的重要逻辑起点之一。金融发展理论主要由金融抑制理论、金融深化理论、金融结构理论和金融功能理论等构成，其一直处于不断地演变和丰富的动态发展之中。

2.2.1　金融抑制理论

关于金融抑制的理论一直在不断地演变和丰富。现代金融发展理论是以 1973 年的"金融抑制论"和"金融深化论"为起点的（McKinnon，1973；Shaw，1973）。在完全竞争市场的假设条件下，他们通过一般均衡理论分析方法对发达国家的金融发展和经济增长进行了分析。随后，格力（Gurley）、肖（Show）、帕特里克（Patrick）、麦金农（Mckinnon）和戈德史密斯（Goldsmith）等从不同角度对不同研究对象进行了分析，并在金融抑制和经济增长方面得出了不同的结论。在《欠发远国家的金融发展和经济增长》中，Patrick（1966）提出了"金融组织理论"，并认为金融体系可以刺激投资与储蓄，完善现有经济资本体系，主要有"供给领先"（supply-leading）和"需求追随"（demand-following）两种主要的方式。Goldsmith（1969）在《金融结构与金融发展》中提出金融发展可以看作金融结构的一种变化方式，创造性地运用金融相关率（FIR，financial interrelation ratio）这个广义指标代表了一国全部金融资产的价值与全部实物资产即国民财富价值之比。McKinnon（1973）在《经济发展中的货币和资本》中指出，金融体制的欠缺和政府部门的过度管制导致了金融与经济发展未能形成良性循环，所以一国想要让经济与金融共同发展就需要破除金融抑制。Shaw（1973）在随后发现，经济的发展和金融体制之间不仅相互制约，而且存在相互推动的关系，并提出可以用 M2/GNP（货币化率）来衡量金融规模的变化，但由于发展中国家的金融市场并不是完全竞争也非完全有效的，所以存在严重的信息不对称等问题（Stiglitz，1989）。在金融系统和市场发展的过程中，金融资产的成长率逐渐加快，相对于实质资产，人们更倾向于持有金融类的资产，因而该国的储蓄和投资活动会增加，金融工具的数量和规模也会提升，并带动金融深化和自由化的发展，进而吸引国外资金的流入，提升金融系统的效率，形成良性循环（Shaw，1973；McKinnon，1973；King & Levine，1993）。

但大部分学者认为，金融抑制会阻碍经济的发展，尤其是在发展中国家，由于缺乏完备的金融制度，并且政府行政干预过多，从而导致了国家的财政负担和通货膨胀，但其通过放松对利率的管制，有可能提高资金的配置效率，促进金融市场有效发展（McKinnon，1973；Fry，1978）。此外，Leyshon 和 Thrift（1995）发现发达国家的一些低收入人群和弱势群体缺少相应的金融服务，并且在获取金融产品时会面临银行、储蓄、贷款和保险排斥。不过也有学者提出金融抑制只是阻碍了正规金融市场的发展，在一定程度上促进了非正规金融机构的发展，并且这两者具有相互替代的作用，没有抑制经济的整体增长，并且金融深化和经济增长之间存在积极的互动作用，但当金融机构产值占 GDP 比重超过 80% 这个阈值后，经济和金融发展都会面临危机（Sanjoy，1999；Arcand et al.，2012）；甚至还有研究发现由于金融抑制了本国正规金融机构的借贷资金往来，国际资金流动变得更加频繁，反而促进了经济的发展（Paola & Marta，2009）。

2.2.2 金融结构理论

金融结构主要是指在金融体系内，各种金融制度安排的相对构成和比例，其通常用直接金融和间接金融的比例、金融市场和金融中介的比例等方式来进行计算。20 世纪 60 年代，Goldsmith 在其《金融结构和金融发展》一书中，提出了一定时期内社会金融活动总量与经济活动总量的比值即金融相关率（FIR, financial interrelations ratio）这一指标，并提出了"金融结构理论"以及通过一系列研究构建了金融发展的路径和机制，即金融的发展实质上是一种结构变迁，但发达国家和发展中国家的金融市场、体制和结构存在着差异，于是进一步依据不同经济部门、金融机构的金融资产、负债，以及相应的金融工具形式等变量间不同的比例关系区分了金融结构的三种类型：①金融发展初级阶段结构（可视为银行主导型），即金融相关比率较低，债券凭证远超过于股权凭证，商业银行在金融机构中占据突出地位。②20世纪上半叶的非工业化国家金融结构，如拉丁美洲，其金融相关比率仍然较低，但此阶段政府通过政策手段干预金融市场，以推动经济发展稳定。③20世纪的工业化国家金融结构（可视为市场主导型），其金融相关率比较高，并且金融机构的发展也越来越多样化。随后，英国、德国、日本、韩国等多国学者从不同角度、利用不同方法对银行为主（bank-oriented）和市场为主（market-oriented）的金融结构体系进行了比较分析，赞同银行主导金融结构的学者认为，银行能够更好地动员储蓄，并通过降低交易成本分担风险；赞同市场主导金融结构的学者认为，股市等银行外的金融机构有利于信息的获取和扩散，有效实现跨部门风险的分散，还能实现公司治理（Diamond, 1984；Stiglitz, 1985；Allen and Gale, 1999；Levine, 2000；Beck and Levine, 2002）。在中国，林毅夫等（2006）在以往研究的基础上提出了最优金融结构理论，并且认为随着要素禀赋结构、实体经济和技术结构的变化，相对应的最优金融结构也会内生地进行演变。还有部分研究发现，无论是哪种类型的金融结构，都需要相应的法律体系发挥对金融市场的保障功能（Levine & Zervos, 1996；Porta et al., 2000；Allen et al., 2005）。随着与金融相关的活动和工具的创新升级和变化，有学者从约束诱导、风险规避性和交易费用等方面提出了金融结构和金融创新的相关理论，并将金融创新的原因归纳为技术创新，即金融创新能够解决信息不对称产生的问题，弥补市场的不完美性和降低营销交易成本，并能应对全球化带来的风险（Merton, 1995；Frame & White, 2004；Lerner & Tufano, 2011）。

2.2.3 农村金融理论

农村金融理论是金融发展创新理论的一个重要组成部分，是金融发展相关理论的继承和发展。农村金融理论的演进主要包括农业信贷补贴论、农村金融市场理论、不完全竞争市场理论、局部知识理论等。20世纪80年代左右，由于农村居民缺乏储蓄能力，难以快速积累自有资金以及农业的弱质性和投资收益性低等特点，所以传统的商业银行不愿给予农村金融市场支持。因此，以金融抑制理论为基础的农业信贷补贴论（Subsidized Rural Credit Paradigm）成为了当时的主流。该理论提出，由于支持农村地区的外部资金十分匮乏，因而各国必须通过政府干预，如专项贷款、贴息贷款等政策措施降低融资成本，并通过降低涉农金融业务的成本和风险，引导商业银行在农村地区设立分支机构，缓解农村信贷紧张的局面。但无论是纯粹依靠政府帮扶，或是依赖市场机制，信息不对称问题都依旧十分明显，而且交易成本的上升会进一步产生逆向选择和道德风险的问题（Stiglitz & Weiss，1981）。

随着时代的发展，农村金融的内涵和外延也在发生着改变。20世纪末期，随着市场经济的发展，市场机制的作用越发凸显（Adams，1984），以金融深化理论为参考的农村金融市场理论（Rural Financial Systems Paradigm）逐渐成为了农村金融系统发展的主流理论。与农村信贷补贴论的假设前提相反，该理论认为农户和涉农企业是有储蓄意愿和能力的，政府的利率约束等不当干预措施反而会使农村金融市场失衡，因而各国应该通过利率的市场化发展，发展乡村内部的金融中介，降低政府干预，达到涉农资金的供求平衡。20世纪90年代，在金融约束理论和不完全信息理论的基础上，诞生了不完全竞争市场理论（Imperfect Market Paradigm）以及哈耶克主张的局部知识理论（Hayek，1945），这进一步对农村金融理论进行了扩充。哈耶克认为，政府采取局部干预手段可以弥补市场"看不见的手"的缺陷，提高对散落在不同时间的局部知识的整合效率，因而政府可以通过逐步推进利率市场化、实施部分特惠政策、建立连带责任人和借款方的互助合作组织等方式来优化农村金融的服务环境，并且通过有效利用局部知识，促进知识的竞争、分工和合作，缓解不完全竞争和信息不完全带来的劣势，进一步优化金融工具并进行产品创新。

在中国，随着改革开放的不断深化，中国农村金融研究的发展呈现出与时俱进的动态深化特征。1978年改革开放之后，因城乡一体化的金融体系难以适应生产力和生产关系的变化，因此，1979年2月我国通过恢复和改变原有金融机构的结构和功能，将中国农业银行恢复成为国家专业银行，并承接了以前由中国人民银行管理的农村金融业务，重新形成了以中国农业银行和农村信用社为主的农村金融供给体系，中国农业银行也成为改革开放后第一家恢复成立的国家农业专业银行。但由于存在农村经济和金融二元格局和工农剪刀差，周振等（2015）通过测算得出在 1978 年到 1991 年间，农村地区向城市地区大约净流入资金 26.66 万亿元。而在 1993 年前后，乡村二三产业逐渐兴起，原有的农村金融体系已经不能适应农村经济发展的需求，故民间借贷、地下钱庄和高利贷等现象凸显。1996 年国务院进一步在针对"三农"领域的《关于农村金融体制改革的决定》中提出"建立和完善以合作金融为基础，商业性金融、政策性金融分工协作的农村金融体系"。随着政策性银行、股份制商业银行和其他涉农金融机构的发展，我国的农村金融体系逐步形成了以农村信用社和商业金融服务为主，政策性金融和合作性金融为辅的多层次农村金融体系。同时，全国统一取缔了出现经营性偏差的农村合作基金会，精简了中国建设银行和中国银行在其商业化和股份改造过程中县域的营业网点和从业人员，这在一定程度上导致了涉农业务的萎缩和农村资金的外流。但随着信息技术的发展壮大，以及"三农"领域金融服务模式和产品的创新发展，相关的银行、保险等金融机构业务继续深化下沉，县域金融服务越来越完善，并且随着金融科技的普及，使用网上银行和手机银行办理业务的农民和乡村产业融合发展经营主体越来越多，特别是大数据的应用，使得"三农"领域数字金融相关的风险控制系统更加完善，农村数字金融服务体系和相关研究得以快速扩充。

2.2.4 金融科技理论

随着数字经济和科学技术的飞速发展，以大数据、云计算、互联网+、第三方支付、大数据风控、区块链、人工智能等为代表的金融科技创新（Financial Technology，Fintech）形成了一系列新的金融业态、产品、服务和模式，其正在悄然改变传统金融业的发展格局，也影响着普通民众的日常生活和消费方式。作为数字经济发展中最活跃的部分，互联网金融和金融科技的发展将带来革命性的变革（Arner et al.，2015）。金融科技（Fintech）是金融服务与信息技术的新结合体。根据金融稳定理事会（Financial Stability Board，FSB）的定义，金融科技主要是指由大数据、区块链、云计算、人工智能等新兴前沿技术带动，对金融市场以及金融服务业务供给产生重大影响的新兴业务模式、新技术应用和新产品服务等。早期的内生技术创新增长理论也认为，技术的创新进步会带来创造性的破坏，但同时也能创造出更多高质量的产品从而优化经济社会的发展方式，并且由于金融的本质问题是信用风险与信息之间的关系，所以金融机构提供的商品和服务越多元，市场融通资金和降低交易成本的能力越强，越能够发挥金融的不同功能，促进经济资源的优化配置（Romer，1986；博齐等，2010）。《全球金融科技的发展趋势》提出，"金融科技"是指科技与金融二者融合，为金融行业提供创新解决方案，通过创新金融产品和模式，提升服务效率、降低交易成本和服务更多人群。

中国学界与金融科技相关的概念主要集中在"互联网金融"和"技术驱动的金融创新"。根据监管政策文件，金融科技大致分为移动支付、网络借贷、数字货币及互联网保险等几大类。谢平和邹伟（2012）提出的"互联网金融"概念指出，信息是金融资源配置的核心，互联网金融是利用互联网开放、平等和协作等特征，运用互联网技术和互联网的长尾理论、平台经济思维以及去中心化等特征，增强交易可能性，使得金融与互联网深度链接和融合，是一种创新性金融模式；杨东（2015）认为金融活动是基于信用、时间和金钱的交易，金融体系和信息技术相互协同融合发展，就能加快金融深化和金融创新，还可以降低市场信息成本，降低金融交易的风险。互联网作为一种信息的传播载体，通过降低信息不对称的程度，降低市场主体之间信息传递以及搜寻的成本（Aker et al.，2016），能够提高农村劳动力的工作效率（张景娜和张雪凯，2020），也会对效率和公平产生较大的影响，从而促进中国的包容性增长（张勋 等，2019）。互联网技术是数字经济的核心，数字经济不仅仅包括互联网的数字产业化，而且还包括产业的数字化转型。在"三农"领域，产业数字化可以代指通过数字经济与农业农村的融合发展，借助互联网、大数据、云计算、数字金融等方式和技术手段，为农业农村的供产销等流程和环节，以及为广大农民群众创造更大的价值，带来更好的效益和更多的收益（温涛和陈一明，2020）。

综上所述，关于金融科技和数字金融的相关理论和其他实践一样，都是在不断地探索中向前推进的。金融科技将创新的技术和商业模式用于金融服务体系，数字金融服务在一定程度上也是金融科技创新的结果。同时，通过需求、技术和监管的多因素联动，金融科技在中国得以快速发展。2017 年，中国人民银行成立了金融科技（FinTech）委员会；2020 年中国人民银行发布的《金融科技发展指标》，从金融科技资金、线上智能服务情况、风险控制和人才投入等方面较为系统地对中国金融科技的战略组织规划的量化统计考核提出了指导建议；2021年中国银保监会①也提出要推动创新和科技赋能，促进金融业高质量发展，积极探索促进科技创新的各种金融服务。无论是互联网金融、金融科技还是数字金融，其底层发展逻辑都是数字货币和数字支付交易体系的发展，这也是本研究后续理论分析的逻辑起点。与此同时，随着数字技术的发展，政府和市场的良性有效互动，整个市场对数字金融需求越发强劲。

2.2.5 理论借鉴意义评述

金融与经济、社会的关系一直是理论界研究的重点。关于金融的结构、深化还有创新发展会带来有利影响、中性影响或是不利影响，在不同历史阶段和不同国别中，学术界一直存在着争议，处于动态变化之中。很多学者认为，一国经济的发展水平在一定程度上取决于金融的发展程度；也有许多研究证明，金融结构会受市场竞争和历史演进的影响，其变化常常内生于一个国家经济社会体制的变化当中（Gurley，1955；Shaw，1956；Patrick，1966；Epstein & Gerald，2005）。《经济发展中的货币和资本》（1973年）、《经济发展中的金融深化》（1988年）等书中提出的"金融抑制论"和"金融深化论"的研究方法是以一般均衡理论为主，其前提假设是在完全竞争市场中，因此其假设条件并不太符合大多数发展中国家的现实情况。农村金融市场理论虽然在一定程度上促进了多元化的涉农金融机构发展，但是由于缺乏担保抵押物，正规渠道的信贷总需求有所下降，而且也存在市场失灵的风险。如20世纪70年代的巴西、菲律宾等发展中国家以农业信贷补贴论为依据，使农村经济有了一定的发展，但也导致了资金回收效率低和金融机构可持续发展能力较低等问题，无法从根本上缓解"三农"领域的信贷约束。20世纪90年代，金融功能理论和内生经济增长理论等进一步对金融理论进行了外扩。随着科学技术的进步，金融科技和数字金融的发展与传统金融形成了有利的互补关系，尤其是推动金融与现代科技在乡村有效结合，是破解农村金融服务体系面临的现实障碍的有效路径。总之，相关的金融发展理论对于乡村产业融合发展还处于初期的农

---

① 中国银保监会，《2021年中国银保监会工作会议召开》，2021，http://xw.sinoins.com/202101/27/content_380474.htm

业大国而言，均具有一定的借鉴价值。如政府应当考虑乡村产业融合发展的周期性和风险性，利用利率优惠等方式帮助新型农村经营主体的融资需求得到满足；需要根据市场情况，推出差异化的"三农"信贷金融服务政策，让乡村产业化经营主体的金融供给需求得以匹配。在制度层面，政府依旧应该通过政策制度发挥其主导功能，依法建立起相应的征信体系和信息数据分享网络，为提升乡村产业融合发展的信息和金融支持力度提供良好的生态环境等。与此同时，数字金融和金融科技的发展促使具有低成本、广覆盖和可持续特征的包容性金融这一重要模式的出现。其去中介化和便利化等特性有助于降低信息不对称和交易成本；其所具有的公平性、效率性、可负担性、渗透性等有助于缓解传统的信贷融资约束，有利于优化金融供给，进而有效推动经济的增长和实体产业的发展，有助于解决农村金融服务"最后一公里"的瓶颈，成为促进乡村产业转型升级和提质增效的关键要素。

总之，通过对金融发展的理论与实践的总结归纳，本章节为后续研究提供了牢固的理论基础。但目前，国内外关于数字金融的学术研究还处于起步阶段，且大多数研究以某一年的微观数据研究分析为主；在宏观层面，尤其是与实体产业方面的关系的研究还很少；有少部分关于金融发展和产业间的关系的研究主要集中在数字金融与工业企业的联系，或是在案例分析以及定性分析方面；探讨数字金融支持乡村振兴战略的制约因素、国际经验和制度措施等相应的定量与实证研究的文献更是少见，这也是本研究的创新之处。

2.3　核心概念

2.3.1　数字金融

"金融"的英文单词是"finance"，源自拉丁文中的"finis"，即"目标、终点"，金融的目标是更好地实现社会的目标，"金融"可以拆分成"金"和"融"，"金"泛指钱，"融"是融合、调和以及流通。金融是一种战略性稀缺资源，也是经济和社会稳定发展的一种核心性的因素，有深刻和广泛的渗透功能（白钦先，1999）。从经济社会学角度分析，在货币流通和信用融合的基础上，金融的机构、行为、制度和市场都深嵌于社会活动网络中，即金融能在时间上对经济价值、资本和风险进行重新配置，并通过提高其自身效率来更好地适应社会（Goetzmann，2016）。

随着科技的进步和互联网的普及，数字金融的发展进程也十分迅猛，从数字金融发展的形式上看，互联网科技与金融行业的结合，特别是随着网络借贷服务、非金融机构支付服务和金融信息服务等公司的依法设立，极大便利了用户通过数字金融平台实现融资借贷活动。另外，相关互联网和数字金融平台还能向从事金融分析、金融交易、金融决策或者其他金融活动的企业提供了相应的征信服务、投融资信息服务和数据服务等（谢平等，2014；黄益平，2016；郭峰 等，2016）。近年来，研究证明以信息技术为支撑的数字金融可以减少信息不对称、降低交易成本和优化资源配置。如电子支付使货币数字化，大大降低了金融交易的成本，不仅使金融服务更加普及，也催生了电子商务、O2O等诸多新的创业机会（谢平和邹传伟，2012；Guo et al.，2016）。

数字金融还处于不断发展阶段，并没有形成统一的定义。2016年《二十国集团数字普惠金融高级原则》中提出"数字普惠金融"的概念，其泛指一切通过使用数字金融服务以促进普惠金融的行动。它包括运用数字技术为无法获得金融服务或缺乏金融服务的群体提供一系列正规金融服务，其所提供的金融服务能够满足他们的需求，并且是以负责任的、成本可负担的方式提供，同时对服务提供商而言是可持续的。2021年的《数字经济及其核心产业统计分类》（国家统计局令（第33号））认为"数字金融"主要包括银行金融服务、数字资本市场服务、互联网保险等借助数字化技术和互联网平台进行的资本融通与交易市场的服务。部分学者认为数字金融主要指传统金融机构与互联网公司利用数字技术实现融资、支付、投资和其他新型金融业务模式，它使原来无法获得金融服务的群体，可以通过数字技术获得较低成本的金融服务（Arner et al.，2015；江小娟，2018；黄益平和黄卓，2018；吴雨 等，2020）；也有学者认为，数字金融是以数字技术为支撑，对传统金融业务和服务模式进行升级和改造，具有能扩宽服务范围、提高服务效率和降低服务成本等优势，并且有助于提升金融的包容性和社会整体的福利水平（Demir et al.，2020；星焱，2021）。截至目前，"数字金融"虽尚未形成一个较为统一的规范定义，但大多数研究认为："数字金融"主要指传统金融机构与互联网公司利用数字技术实现融资、支付、投资和其他新型金融业务模式，是利用互联网及信息技术手段与传统金融服务业态相结合的新一代金融服务（Arner et al., 2015；江小娟，2018；黄益平和黄卓，2018；星焱，2021）。

无论从理论层面还是实践层面，数字金融概念的内涵和外延都随着时代的发展和科技的进步而逐步扩展和深化，具有动态发展的特征。因此，学术界对数字金融概念的界定也处于持续变化之中。综合已有理论、文献、政策文件和现实发展，本研究认为，"数字金融"是金融服务的创新发展方式，是传统的金融融资模式的数字化转型升级，是一切通过使用数字技术和金融科技等的金融综合应用服务。因此，数字金融具有高渗透性、外部经济性、普惠性和边际效益递增性等功能优势，并能通过信息技术、大数据技术和云计算等创新技术，降低传统金融交易成本，拓展金融的服务范围和触达能力。数字金融还有利于发挥金融的多功能性，为传统金融机构的数字化转型升级提供动力支持。

基于上述分析，本研究中"数字金融"的内涵和外延包括了广义和狭义两层含义。广义上，主要是基于金融服务体系来看，即金融服务体系利用数字技术的进步和发展，进一步与其他的资源进行优化组合并形成跨时空的动态变化，进而推动创新服务体系和服务机制的发展，特别是在支持和丰富农村金融服务体系发挥重要作用。狭义上，数字金融包括金融的支付、融资、征信、保险和投资等主要功能的数字化转型和运用。本研究中宏观层面的效应分析主要采用数字金融的广义含义，微观层面的效应分析则更注重其狭义含义。此外，本研究中的"数字金融"所具有的特性在一定程度上既有利于缓解传统金融的"嫌贫爱富"和金融排斥等现象，又使原来难以获得有效金融服务的群体，能够借助数字金融产品和服务的普惠性和快速便捷性等特点，拓宽其融资渠道和金额，提升融资速度，满足金融需求。同时，数字化技术在金融体系中的运用，特别是大数据技术的数据收集、分析和运用，也能更好地发挥金融的多功能性，实现金融的投融资效益，并充分发挥金融对经济发展的杠杆调节和激励约束机制作用，进一步优化金融结构，降低信息搜寻成本，从而促进金融服务体系的健康可持续发展。

2.3.2 乡村产业融合发展

随着社会生产力的发展和社会分工的深化，"产业"的内涵和外延也在不断深化和扩展。1935 年，英国经济学家阿伦·格·费希尔（Allen G.

Fisher）在其著作《安全与进步的冲突》(*The Clash of Progress and Security*)
中提出了三次产业分类法。他将国民经济部门划分为三个层次：第一产业，即产品直接取自自然界的部门，主要包括农业和畜牧业，与人类第一个初级生产阶段紧密相关；第二产业，即对初级产品进行再加工的部门，主要包括与大规模工业发展相对应的制造业、建筑业等；第三产业，即为生产和消费提供各种服务的部门，主要以非物质商品为主的服务业。随后，在1940年，英国统计学家科林·克拉克（Colin Clark）在其著作《经济进步的条件》中，同样采用了三次产业分类法来研究经济发展与产业结构变化之间的规律，主要利用经济活动与自然界的关系作为参考条件，即第一次产业是农业（包括林业和畜牧业），第二次产业主要包括工业和制造业，第三次产业则是流通和服务部门。在此基础上，有学者进一步依据产业结构的演变趋势，对三次产业进行了扩展细分，第一产业除了原有的农业外，还增加了林业、牧业和渔业；第二产业则包括矿业、加工业等更广泛的工业领域；第三产业则涵盖了批发零售、金融保险等更丰富的服务业内容；第四产业主要包括信息生产、基础设施维护等新兴部门（苏东水，2000；朱磊，2012）。同时，也有学者根据产业发展阶段将其分为夕阳产业、新兴产业、朝阳产业等，或者根据区域产业中的功能和作用将其分为基础产业（农业、原材料、能源等）、主导产业（在某一阶段对经济发展有较强影响的产业）、关联产业和高新技术产业（电子工程、生物技术、新能源等）等（李悦，1998；朱磊，2012）。原中国国家标准局颁布的《国民经济行业分类与代码》进一步对国民经济的种类进行了细分，其中农林牧渔业归属于同一门类，称之为农业。农业是指对各种农作物的种植活动，林业是指林木的培育和种植，畜牧业是指为了获得各种畜禽产品而从事的动物饲养活动，渔业是指对各种水生动植物的养殖活动，农林牧渔服务业则是对上述生产活动提供的各种科学技术、专业技术等的各种支持性服务活动。采矿业、制造业（包括农副食品、加工业等）则是其他大类。

总体而言，农业与工业、服务业产业间是一种互为供需、相互链接的协同关系，农业作为国民经济的基础产业，为加工业等第二产业的发展提供原材料，也给第三产业的发展提供了新的服务空间和就业机会；加工制造业作为国民经济的主导型产业，也能为第一产业的发展带来价值增值，如通过制造农用机械、化肥农药等生产资料提高农业产出效率，并为服务业的发展提供前端支持，如农产品加工包装、保鲜销售等会带动第三产业的就业等；第三产业是一种后发产业，通常是在一二产业发展较好的情况下扩充其市场需求，例如提供物料仓储、金融保险、社会化服务等，并通过自身的发展反向带动和促进其他产业的提质增效。

乡村发展是乡村地域系统循环累积与动态演化的结果，乡村振兴重点在于在夯实农业生产的基础上加快产业转型升级，推进乡村产业融合发展和乡村地域的多功能发展（黄祖辉 等，2009；国家发展改革委宏观院和农经司课题组，2016；叶兴庆，2018；郭远智和刘彦随，2021）。《中华人民共和国乡村振兴促进法》指出，"乡村，是指城市建成区以外具有自然、社会、经济特征和生产、生活、生态、文化等多重功能的地域综合体"，要"支持、促进农村一二三产业融合发展，推动建立现代农业产业体系、生产体系和经营体系，推进数字乡村建设，培育新产业、新业态、新模式和新型农业经营主体，促进小农户和现代农业发展有机衔接"。《2021年乡村产业工作要点》的通知（农产综函〔2021〕3号）提出，"强化联农带农，形成乡村产业融合发展新优势"。

乡村产业需要以农业可持续发展为基础，其包括能提升农业、繁荣农村、富裕农民的产业，其所代表的业态和类型更为丰富，故本研究定义的"乡村产业融合发展"是指：第一产业通过产业间的渗透、交叉、重组等方式，不断延伸其产业链，并与第二、三产业更加紧密地进行链接和协同发展，形成新业态和新模式。其主要包括乡村一二三产业融合发展、智慧农业发展、农产品物流冷链转型升级、农产品电子商务和网络销售、涉农加工业多样化、休闲观光和康养的乡村旅游发展等。乡村产业融合发展现有模式和主要类型包括但不限于：种养殖产业间融合、立体生态循环农业如水稻龙虾共养等，一产和二产融合如农产品加工业、乡村特色加工业等，一产和三产融合如乡村旅游、农耕文化项目、田园综合体等，还有诸如引入互联网、大数据平台等现代信息技术的智慧农业，农产品电子商务发展，农业全产业链融合创新发展等模式。总之，乡村产业融合发展是通过第一产业向后延伸，第二、三产业向两端扩展，第三产业向上提升，并通过产业间的融合，提升传统农业的价值链，形成新的动态的产业链，从而加快推进实现产业兴旺、生活富裕、乡村全面振兴和农业农村现代化发展的目标。

第3章　数字金融与乡村产业融合发展的演变历程

　　乡村产业融合发展并不是一蹴而就的，而是经过了一个漫长的发展和转型过程。中国是农业大国，中国的乡村产业融合发展有着深厚的历史积淀和丰富的民间智慧。在科技革命和产业变革的大背景下，数字金融的发展已成为带动经济社会发展的重要引擎，也是金融创新发展的必经之路。前述章节分析得出数字金融在一定程度上缓解了金融市场中的信息不对称，降低了交易成本，缓解了融资约束，使金融服务的可得性和便利性得到大幅度改善，这为促进乡村产业融合发展提供了条件。故本章主要通过厘清数字金融与乡村产业融合发展的变迁方式和实践模式，归纳总结出乡村产业融合发展的历程以及相应经营主体的扩展过程，并分析了国内外已有模式和实践探索，厘清现阶段数字金融与乡村产业融合发展取得的成效和所面临的问题，为后续章节的研究特别是机制创新探索提供相应的思路和现实依据。

3.1　数字金融发展的变迁脉络与实践探索

3.1.1　数字金融发展的主要变迁脉络

　　数字金融是传统金融与现代科技，特别是互联网技术深度融合的产物，其构建了全新的创新服务体系和服务机制。其发展主要经历了以下几个阶段，其中萌芽和初始阶段主要包括电子金融、网络金融和互联网金融发展阶段，形成和发展阶段则为2013年后的科技金融、金融科技和数字金融快速发展阶段。

（1）电子金融和网络金融

在 20 世纪末期到 21 世纪初期，有学者通过对实践发展的总结提出了"网络金融"（即通过国际互联网和网络化运行方式进行的金融活动）和"电子金融"（即通过互联网络或者电子媒介等资源提供金融服务）的概念，并以此描述新技术改造金融业发展的情况（狄卫平和梁洪泽，2000；谢康 等，2000；Banks，2001）。1994 年美国安全第一网络银行（Security First Network Bank，SFNB）由美国三家银行在因特网上联合创建，从此拉开了全球网上银行发展的序幕，利用互联网（Internet）技术突破传统的时间和空间限制，并扩展金融服务的范围。

在中国，20 世纪 90 年代后期江泽民同志（2009）提出应加快推进金融电子化，通过该举措促进整个国民经济健康稳定地发展；随着党的十四届三中全会通过《中共中央关于建立社会主义市场经济体制若干问题的决定》进一步明确要减少现金流通量，实现银行系统计算机网络化的目标，中国的征信系统逐步建立完善。随后有学者分析得出科技革命的到来将重塑全球金融业，并通过对美国银行业电子化发展的脉络进行梳理后预测未来资金的支付方式将逐步从纸质凭证向电子支付凭证转移，而货币的形态也将会从实物货币向电子货币转换（姜建清，2000）。

随后，在全球范围内，电子金融和网络金融在 2000 年前后开始迅猛发展。同时，网络借贷（P2P，peer to peer lending）和网络众筹（crowdfunding）成为数字金融发展的早期主要表现形式。基于互联网平台等的网络借贷以互联网为主要渠道平台，主要包括个体网络借贷和小额贷款。自 2005 年全球第一家网络借贷平台即英国的 Zopa 出现后，2006 年美国的 Prosper、2007 年德国的 Smava、2008 年中国的拍拍贷等相继出现。网络借贷和互联网众筹形式不但有利于降低传统金融机构的物理网点和人工服务等成本，而且能有效拓展金融服务的覆盖广度，但同时由于其自身风险控制能力不足以及缺乏相应的监管，网络贷款平台出现了各种问题。

（2）互联网金融

互联网金融的本质依旧是金融，互联网金融也是数字金融发展的前身，其始终面临着成本和风险两个问题。互联网金融通过对搜集的借贷信用信息、交易支付和消费行为等数据进行评估，使其在信用评估、风险定价以及信息匹配方面相较于传统的金融机构具有一定的优势，扩大了交易的可能性范围。概括而言，互联网金融的发展模式主要有网络支付、第三方支付、在线理财、B2C 网络借贷平台、互联网征信等。互联网金融运行的模式和方式发展越来越快，对银行、小贷公司、保险、证券等传统金融机构带来了一定的冲击（赵岳和谭之博，2012；陈一稀和魏博文，2014；黄玲和周勤，2014；王国刚，2014）。具体而言，2004 年阿里巴巴支付宝的上线，2005 年宜信（Credit Ease）的成立及其他支付、基金和股权众筹等领域的互联网金融实践的发展，进一步推动了互联网金融的创新发展。2012 年马云和马化腾筹划成立互联网金融公司后，2013 年余额宝的发展壮大对传统的金融体系产生了一定的冲击，这种新业态也引起了业界和监管当局的重视，因而这一年被称作"互联网金融元年"。随后，2014 年国务院政府工作报告使用"互联网金融"一词后，学术界对其内涵和外延进行了研究和分析。大部分学者认为，这是一种以互联网平台为载体，并融合多种金融业态的服务方式，其不同于银行间接融资和证券直接融资。互联网金融可利用其自身优势和信息技术，扩充其作为中介的功能，有效对接大量的投融资需求，这种金融创新模式是金融改革发展的新动力（谢平等，2014；董昀和李鑫，2014）。网络支付是互联网金融的一种典型方式，与传统的支付方式和工具相比，其具有高效、及时和便捷等特点；互联网保险也成为互联网金融的一部分，其是数字技术与保险业结合的新形式，是一种更具有差异性的定制化的创新服务和创新产品。

（3）数字金融

从某种程度上而言，数字金融是包含了互联网金融、科技金融和金融科技的综合概念。数字金融是互联网金融发展的高级形态，互联网是金融科技和数字金融的重要基础设施。具体而言，自 2014 年起各国的金融科技发展迅猛，逐步改变着全球金融业的格局；2016 年后，信息技术、人工智能和分布式技术与金融体系的结合越来越紧密。如，2016 年国际组织全球金融治理机构 FSB（Financial Stability Board，金融稳定理事会）在报告中提出利用技术手段推动金融创新，进而形成对金融市场、机构和服务产生重大影响的模式、应用、流程和产品，这就是"金融科技"；2016 年中国《"十三五"国家科技创新规划》提出了"完善科技和金融结合机制，提高直接融资比重，形成各类金融工具协同融合的科技金融生态"；尤其是随着 2017 年美国国家经济委员会发布的白皮书《金融科技框架》后，理论界和实务界对"金融科技"和"数字金融"给予了高度的关注。有学者认为数字金融的本质是由于技术的变革和科技的发展，金融的供给端进行了内外部的重构，并且构造了新的生产函数，是一场金融信息的革命（孙国峰，2019；邱兆祥和刘永元，2019）。但许多研究也将数字金融等价于互联网金融，因而也有大多数人将2013年视作中国数字金融发展的元年，因为那一年诞生了余额宝，余额宝是数字金融的一种形式（黄益平和黄卓，2018）。

截至目前，中国农村数字金融的主要参与市场主体可以归纳为以下几类：一是传统金融机构如中国农业银行、农村信用合作社等提供的新型数字金融产品和服务、手机银行、互联网业务等；二是通过供应链关系建立农村数字金融生态圈的乡村产业链龙头企业，如新希望、大北农等通过数字金融服务为相关农户提供支付、借贷、保险、理财等多样化的服务；三是涉农电商平台，如拼多多、淘宝的助农专区等。此外，还有许多社会力量和民间组织在数字金融的生态系统中发挥着不同的作用。

总之，在数字金融的发展过程中，中国政府给予了大力的支持和推广，并取得了良好的成效。具体表现为"数字金融"和"金融科技"的发展壮大带来了三大明显优势：一是支持了数字普惠金融在中国的发展。数字金融既能与场景化功能结合，又能有效降低获得客户和风险控制的成本。二是有利于融通金融体系各个主体间的数据共享。即通过数据这种新型生产要素进行万物互联，有利于减少不同的供给方在信息搜集时的重复成本，有利于整合分散的数据，形成数据的规模效应，并降低可能由信息不对称所引发的风险。三是产生了"鲶鱼效应"。即鼓励和激发出了更多的金融服务和产品创新，特别是针对"三农"领域这片新蓝海的差异化的、针对性的数字金融创新服务和产品不断涌现。综上所述，数字金融的发展扩展了金融服务体系的深度和广度，丰富了金融产品的类型，但又存在风险控制和基础设施支持等不足的问题。

3.1.2　数字金融发展的实践探索

（1）中国数字金融的实践探索

中国的数字金融发展现已走在了世界前列。具体表现为，一是在中国数字金融发展的业务和创新方面。1997年招商银行成为首个开通网络业务的商业银行，并推出了网通业务，这段时间是第三方支付形成的萌芽期。在2000年左右，平安集团尝试着做网上金融超市和综合型的电子商务网站，包含保险、证券和个人理财等跨平台的交易模式系统，这为后续互联网相关业务的整合提供了许多思路。2008 年平安集团基于互联网思维，提出了要"一个客户、一个账户、多种产品、一站式综合服务"的战略规划。随后几年，许多金融机构出台了多样化的 P2P 网络贷款平台产品。2010 年，中国人民银行开始构建"超级网银"系统，即让不同的网上银行系统实现互联互通，从而更快捷地实现跨行转账、资金归集和财务管理等业务，同时还培育了一批懂技术又懂金融的复合型人才。

二是在用户增长方面。2013 年 6 月，支付宝联合天弘基金推出了一款理财产品，即"余额宝"。余额宝上线后不仅增加了支付宝的用户黏性，而且提高了用户的理财收入，仅仅用了不到半年的时间，就成为了突破千亿元的基金。也仅仅用时一年，余额宝的用户数量就超过了一亿，而传统的 A 股市场积累 20 多年才拥有 7 000 多万的股民。余额宝的在线理财也发展迅猛。随即百度理财平台、阿里娱乐宝和微信理财通等数字金融在线理财产品也相继面世。同年，由阿里巴巴、中国平安和腾讯联手筹建的"众安在线"（众安在线财产保险公司）成为中国网络金融时代的一个关键进程点。众安在线围绕电子商务和投资支付领域中的不同环节，融合互联网模式和金融行业的运作逻辑，设计出多样化的、有针对性的产品，该产品不仅提高了保险投保理赔的效率，而且优化了维权理赔的时间。2014 年自京东推出京东白条为用户提供消费信贷后，阿里巴巴推出的天猫分期、支付宝推出的花呗等促进了消费金融的发展。随后几年，与数字金融相关的产品和服务发展愈发多样化。

三是相应的监管和征信体系越来越完善。如 2021 年 9 月，蚂蚁集团的花呗消费信贷产品等将在获得用户授权的基础上，逐步全面接入中国人民银行的征信系统，这不仅有利于打破数据孤岛，还有利于增强对贷款人的信用约束力，这对于数字金融供给方而言，有助于其更好地规避风险；对需求方而言，这也有助于其获得更好的数字金融服务质量。

综上所述，数字金融的多样化发展对于金融机构而言，有利于降低信息不对称的程度，从而增大交易的可能性。通过对数字金融产品的创新，数字金融变得更加多元和纵深化。对于用户而言，其更能发现和挖掘出一些购买基金、保险等金融产品的新渠道，使用数字金融相关服务和产品也更加方便快捷。

（2）国际数字金融实践经验

成功实践经验一：2007 年在非洲较为特殊的环境下，肯尼亚移动运营商游猎通信（Safaricom）发布了 M-PESA 这款支持支付、转账和汇款的手机，并将手机改造成了移动金融的服务终端，还推出了 M-PESA 业务（一种虚拟的电子货币和移动货币）。五年内，该业务在非洲的发展中国家成为了一款成功的移动金融服务应用。

成功实践经验二：为了给缺乏合格抵押物的小微企业，以及亚马逊等电商平台上的商家提供资金周转机会，2009 年，一家名为 Kabbage 的基于数据的金融科技贷款公司成立了。其通过在线金融科技，自动评估分析数据，简化资金申请和批复流程，在 10 分钟左右就能完成贷款的识别和发放。在 2013 年，该公司将业务扩展到了手机和平板电脑的移动终端系统上，并开发了更多的贷款产品，这大大地解决贷款难、成本高、审批慢的问题。此外，在 2020 年，该公司为了缓解新型冠状病毒感染疫情给美国带来的经济压力，进一步推出了 Kabbage Funding 等多样化产品，让更多人有机会获取期限灵活的贷款。

成功实践经验三：2012 年，由曾就职于谷歌（Google）的部分团队成员创建大数据金融公司 ZestFinance（前身为 ZestCash），该公司利用机器学习的方式获得大体量的数据，并通过分析潜在的信用变量和识别相应的风险要素（原始数据—变换数据—元变量—不同的模型—整合决策），提高了信用评估的精确性，随后 Zebit、AvantCredit 等公司也开展了相应的数据金融业务。

近年来，以美国、英国和瑞士为主的大部分金融体系发达国家，在金融科技创新领域投入了数字货币和相关衍生品，以此来扩展数字金融发展的边界，并取得了良好的效果，这也为中国数字金融的创新发展提供了一定的借鉴。

3.2　乡村产业融合发展的演进动态

3.2.1　农业生产到乡村产业发展的历史演变

中国在解放初期，为了扶持战争时代给中国农业带来的创伤，出台了《中华人民共和国土地改革法》（1950 年），通过土地改革解放农业生产力，但是在 1958 年到 1976 年的农业生产调整期，由于多种复杂因素，农业生产遭到了一定的破坏。而后在改革开放经济条件下，农业发展迎来新机遇，农业总产值逐步提升。1981 年《关于积极发展农村多种经营报告》的通知提出要"绝不放松粮食生产，积极发展多种经营"；随后的 5 年时间，中央连续发布的五个"中央一号文件"，分别聚焦于正式承认包产到户合法性（1982 年），放活农村工商业（1983 年），疏通流通渠道，发展农村商品生产（1984 年），调整产业结构，取消统购统销（1985 年），增加农业投入调整工农城乡关系（1986 年）等"三农"发展改革重点方向。《中国农村统计年鉴》显示，从 1978—1991 年，我国农业产业化经营水平和综合产出能力都有了较大提高。1992—2003 年，是中国农业产业结构的战略调整期。从 2004 年开始，"中央一号文件"聚焦于加快农业科技创新，促进农业生产要素资源的合理配置，全面深化农村综合改革等方面，从而建立了农业可持续发展的长效机制，优化了乡村产业结构，提升了乡村产业效益。

总之，在 20 世纪 90 年代，受益于家庭联产承包责任制和统分结合的双层经营体制、农业资源开发等的政策，各地充分发挥当地的资源潜力和比较优势，逐步形成农业产业集聚发展的特征，增强了农业生产活力、调动了农民的积极性，并初步形成了以小麦、玉米、大豆、水稻四大粮食作物为主的九大农产品优势产业区；棉花、苹果和橙子等经济作物的生产集中度也在不断提高；肉牛、奶牛、水产品等养殖业分布也更加科学合理①。但是由于长期以来存在的城乡二元结构，农业农村较城市而言发展仍然落后。2002 年，党的十六大报告强调了农业的基础性地位，随后党的十七大报告提出了城乡一体化发展的目标，党的十八大报告也提出要促进城乡要素的平等交换和公共资源均衡配置。为了更全面地促进乡村发展，党的十九大报告提出了乡村振兴战略，并将产业兴旺放在五个总要求的首位。党的二十大报告进一步强调，坚持农业农村优先发展，坚持城乡融合发展，畅通城乡要素流动。加快建设农业强国，扎实推动乡村产业、人才、文化、生态、组织振兴，同时要完善农业支持保护制度，健全农村金融服务体系。

另外，从农业产业发展空间布局的角度进行分析，20 世纪 80 年代后，农产品流通体制改革和农产品收购制度的改革提高了农产品的商品化率，农业生产逐渐呈现出专业化和市场化的特点，即从生产到加工和服务的供—

---

① 《全国优势农产品区域布局规划（2008—2015 年）》。

产–加–销纵向一体化发展的趋势逐渐增强，沿海部分经济发达地区逐渐形成了贸工农利益联合共同体，并为农业产业化发展提供了一定的支撑保障。与此同时，农业产业横向发展的空间也逐渐扩大，催生了蓝色农业、生物农业和信息农业等新业态。但总体而言，在此阶段农业管理体制较为分散，产业集群的规模化、市场化水平不高，纵向融合的产业集群协同效应不强等问题也阻碍了农业产业化发展的进程。

综上所述，在自然经济条件的约束下，传统的乡村产业主要是依靠人力和部分工具进行自给自足的耕种；改革开放前期工农产品的"剪刀差"价格阻碍了农民从事农业生产的积极性，因此乡村产业也多局限于单一的生产环节；改革开放后，因一系列利农政策的出台和中国经济体制改革的推动，农业生产的结构不断优化，农产品质量也不断提升，并且随着科学技术的进步，以及现代工业的发展和管理的带动，中国农业的现代化进程在不断加速。近年来，现代的乡村产业已经逐步通过传统农业的横向和纵向延伸，并与其他产业相结合的方式，演化成了现代乡村产业融合发展的态势。

3.2.2 乡村一二三产业融合发展的历程

（1）农业产业化发展历程

乡村产业融合发展的重要途径之一是农业产业化发展和经营。如在日本、美国等发达国家，其农业产业化起步较早，并且有着相应的政策性、合作性和商业性金融的融资体系作为支持，因此，农业产业化发展取得了较快的进展。但在中国，由于长期采用的是分散和以家庭为单位的小农户经营方式，因此我国农业产业化发展比较滞后。直到 20 世纪末期，山东省诸城市在全国第一个提出了农业发展要走"贸工农一体化"的路子；90 年代初期，山东省潍坊市在推广"贸工农一体化"经验基础上，率先在全国提出了"农业产业化"的发展理念，并且产生了较好的社会效益和经济效益。这引起了中央的重视，并开始鼓励各地尝试农业产业化发展道路。所谓"农业产业化"，是相较于自给自足的小农经济生产经营方式而言的，其更加注重规模化、专业化和集约化的生产经营，并且融资需求也从单一变得多元。影响农业产业化发展的因素主要有政策支持、人力资本、科技创新、多元化的金融支撑和产业价值链的改造（周洁红 等，1998；张峰，2015）。因此，2006 年"十一五"规划提出支持发展农村的农业产业化经营；随后 2008 年《中共中央关于推进农村改革发展若干重大问题的决定》进一步明确了发展农业产业化经营、产业化经营的道路。但是从事农业产业化发展的龙头企业等资金需求缺口很大，正规金融机构在涉农信贷发放方面又十分谨慎，这导致农业产业化组织在 2014 年左右发展相对落后，如有学者调查发现，2014 年前后，农业产业化龙头企业的信贷资金需求与银行实际提供的资金比例是 4：1（张红宇，2016）。由于相应的加工、收储和运输能力不足，与农民建立起的利益联结分享机制处于尝试阶段（大致可分为多种资本控股的公司+农户、合同型农工商综合体、科研推广教育机构+农户、政府+公司+银行+农户这几种模式），因此，相应的生产效率和经济效益因受到资金约束、生产加工环节和利益分配不合理等因素制约，发展进程较缓慢。

为了缓解农业产业化发展所面临的困难和薄弱环节，政府根据实际情况进行调查和分析，进一步出台了一系列利好政策，从制度设计和组织推动等层面，进一步助推乡村产业的发展。如，2012 年《国务院关于支持农业产业化龙头企业发展的意见》（国发〔2012〕10 号），从"强化基础设施建设；推动规模化集约化发展；实施标准化生产；改善加工设施装备条件；统筹协调发展农产品加工；发展农业循环经济；强化市场营销；发展新型流通业态；加强品牌建设；培育壮大龙头企业；推动龙头企业集群发展；提高技术创新能力；加强技术推广应用；强化人才培养；大力发展订单农业；引导龙头企业与合作组织有效对接；开展社会化服务；完善国际贸易投资服务"等多方面为加快发展农业产业化经营提出了指导性意见。2015 年《关于加快转变农业发展方式的意见》进一步提出要"把发展多种形式农业适度规模经营与延伸农业产业链有机结合起来，立足资源优势，鼓励农民通过合作与联合的方式发展规模种养业、农产品加工业和农村服务业，开展农民以土地经营权入股农民合作社、农业产业化龙头企业试点，让农民分享产业链增值收益。充实和完善龙头企业联农带农的财政激励机制，鼓励龙头企业为农户提供技术培训、贷款担保、农业保险资助等服务，大力发展一村一品、村企互动的产销对接模式；创建农业产业化示范基地，推进原料生产、加工物流、市场营销等一二三产业融合发展，促进产业链增值收益更多留在产地、留给农民。支持农业产业化示范基地开展技术研发、质量检测、物流信息等公共服务平台建设"等。

（2）乡村一二产融合发展历程

改革开放前，中国基本实行的是农产品统派购制度，这导致了工农产品的"剪刀差"。为了提升农民从事农业生产和农产品销售的热情，随着市场化改革的发展和农产品价格逐渐放开，许多地方开始鼓励当地的涉农企业从事农产品加工和销售业务，初步形成了市场到农业龙头企业到基地再到农户的工农商一体化发展的模式。这种一产和二产融合发展的方式不仅能够提高经济效益，还能带动相关的中小企业、农民专业合作社等乡村产业融合的新型经营主体的壮大和发展，并且还能推动农产品加工业的集聚发展，形成辐射带动能力强的乡村产业融合发展集群。农业农村部相关数据显示"2015年全国规模以上农产品加工企业7.8万家，完成主营业务收入近20万亿元，'十二五'年均增长超过10%，农产品加工业与农业总产值比由1.7∶1提高到约2.2∶1，农产品加工转化率达到65%"；根据国家统计局、农业农村部相关数据测算，从2006年到2018年中国各省的人均农副产品加工业总产值图表（见图3.1）中也可以看出来，各地区的农产品加工都在不断提高，尤其是天津、辽宁、黑龙江、江西、山东、广西、陕西等地区农产品加工业发展非常迅速，其原因可能在于东北地区玉米和大豆加工、长江流域优质油菜籽加工、中原地区牛羊肉加工等产业融合发展、集聚发展速度越来越快。

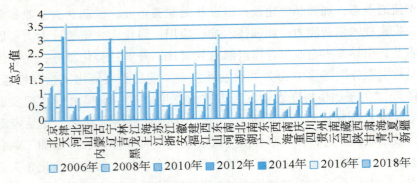

图3.1　人均农副产品加工业总产值（2006—2018年）

　　但农业农村部的数据显示，2015年我国农产品加工业与农业总产值比为2.2∶1，仍然明显低于发达国家的3.4∶1，并且融资难、融资贵、生产和流通成本高等外部环境制约因素依然突出。因此，2015年农业部、国家发展和改革委员会、商务部联合出台的《推进农业电子商务发展行动计划》提出："推动农业电子商务发展是顺应消费方式、生活方式深刻变化的现实需要，可以满足不同消费群体的个性化、多样化、便捷性需求，能够突破购销的时空限制，进一步挖掘市场需求潜力，促进消费转型升级。同时，农业电子商务的发展，还可以创新流通方式，带动农业生产资料和消费品下乡，加快形成城乡产品和要素市场双向流动的新格局，激活农村消费市场活力，让农村居民分享信息经济发展的成果。"故从 2015 年开始，在传统的加工、包装、物流运输经营活动外，随着互联网、大数据、云计算的发展，农产品的市场流通和物流配送等与互联网结合生成了许多新的产业融合模式，如社区农业销售、电商会员配送、农场直供和产地直销等，乡村产业发展经营和电子商务结合得愈发紧密。《全国农产品加工业与农村一二三产业融合发展规划（2016—2020 年）》中的数据显示："2015 年全国有各类涉农电商超过 3 万家，农产品电子商务交易额达到 1 500 多亿元。"党的十八届五中全会提出了创新、协调、绿色、开放、共享的新发展理念，《关于促进农产品精深加工高质量发展若干政策措施的通知》（农产发〔2018〕3 号）强调，促进农产品精深加工高质量发展，对于农业提质增效、农民就业增收和农村一二三产业融合发展，推动农产品加工技术装备提升，实施乡村振兴战略，保持国民经济平稳较快增长，都具有十分重要的意义。越来越多相关政策的出台为农产品产地初加工、精深加工、主食加工和综合利用加工等乡村产业融合发展创造了更加有利的环境。

（3）乡村一三产融合发展探索

基于经济地理学和旅游经济学的视角，Hegarty 和 Przezborska（2005）通过对爱尔兰和波兰的分析发现，乡村一三产融合的休闲观光农业发展对社会、文化、经济都会产生一定的影响，如十年间，该地区一三产业的农文旅融合给当地带来了 7 000 万欧元的经济增长，还带动了当地的就业发展。蒋辉等（2017）利用耦合协调度、熵值法和空间回归模型对中国三产融合发展的时空特征进行了分析，发现截至 2015 年三产融合发展的耦合度即将进入磨合阶段。农业农村部的数据显示："休闲农业和乡村旅游呈爆发增长态势，如，2015 年全国年接待人数达 22 亿人次，经营收入达 4 400 亿元；'十二五'期间年均增速超过 10%；从业人员 790 万，其中农民从业人员 630 万，带动 550 万户农民受益。"

随着休闲农业和多功能农业的发展，以及现代农业的不断发展和创新，乡村特色小镇、观光农业、创意农业、乡村文旅康养复合开发模式逐渐形成。因此，2017 年"中央一号"文件第一次提出了"田园综合体"

的概念，并提出"支持有条件的乡村建设以农民合作社为主要载体、让农民充分参与和受益，集循环农业、创意农业、农事体验于一体的田园综合体，通过农业综合开发、农村综合改革转移支付等渠道开展试点示范。深入实施农村产业融合发展试点示范工程，支持建设一批农村产业融合发展示范园"。截至2021年，笔者在多地调研中也发现，休闲观光旅游农业是开发闲置宅基地最有效的途径之一，尤其是在不太适合工业化发展的山区，通过产业融合的企业化模式，将闲置的宅基地转化为股份形式，不仅能让农民在利益链条中受益，而且还能通过资本下乡和工商资本运作等方式产生社会组织外溢效应，带来规模经济效益，进一步优化各要素间的整合与再配置。例如河南信阳有水稻和小龙虾共养的生态循环休闲农业，吸引了大量游客自己去抓小龙虾，体验劳动的快乐。在重庆北碚歇马镇，一位桃子种植大户成立了自己的农业科技公司，通过朋友圈等社交平台发布信息，在每年3月都会举办桃花节吸引游客赏花踏春，每年4~6月举办桃子采摘节，吸引游客去观光旅游，体验摘桃乐趣，进行桃子销售，进而实现了收益的不断增加。该公司的负责人还计划进一步扩充乡村产业融合项目，在目前已有的休闲观光农业基础上，进一步发展桃子罐头和果汁等加工业，并打算利用抖音、快手等公域的流量平台进一步扩大宣传，但因其信贷需求近300万元，通过传统金融机构线下贷款的额度只占需求的20%，截至2021年6月，其扩大一三产融合发展的资金需求难以通过传统金融借贷方式得以满足，在重庆永川许多地方也会举行茶叶采摘的观光创意农业，但是笔者通过实地调研采访发现，在休闲观光农业和农旅融合发展过程中，周边的农业生态设施、停车场基础服务设施等还需要进一步改善，并且发展农文旅融合项目对相关的运营资金需求十分大，也需要金融体系进一步创新可抵押物品，以及利用财政资金等方式进一步引导更多金融资本帮助经营主体解决融资难的问题。

3.2.3　乡村产业融合发展从业主体的扩展

在原始农业和畜牧业发展阶段，大部分农业生产主体是以氏族公社为主的公有制关系和原始共同体。在人类文明进入封建社会后，农户家庭大都是自给自足地生产经营。在资本主义时期，英国农户经营逐渐演变成了家庭农场这一形式，随后其他欧美国家的大农场也逐步发展壮大。而在东欧部分国家的计划经济时代，其在乡村建立集体农庄，但是其经济效率并不太好；之后的市场经济时代，许多国家开始发展合作社和家庭农场等多样化的农业生产经营主体。随着科技的发展和全球化进程的加快，大多数发达国家的农业不断发展壮大，农业市场主体也从农户变成了农业合作社，如以美国和加拿大为主的农场型合作社，还有以日本为代表的社区型合作社，以德国为代表的专业型合作社，以及以法国为代表的农业服务合作社。此外，家庭农场也逐步演变为专业型和复合型的农场，前者主要以生产经济作物、粮食作物或者其他农产品为主，后者主要是以种养加工业等结合为主的农场，这也是乡村产业融合发展的一种典型类型和表现形式。

在中国，长期以来，农户是从事农业和乡村产业发展的主要参与者和承担者。大部分研究认为，农户通常是指在农村居住一年以上、拥有土地，而且是主要通过依靠家庭人员从事农业生产经营活动的家庭组织单位（戴孝悌，2015）。即传统的经营主体及其生产特征是兼业化、细碎化、分散化以及农产品商品化和市场化程度不高，这也导致农业生产管理组织效率较低，无法产生规模经济效益，并且相应的交易成本和市场风险都较高，也不利于技术的进步。为了进一步提高生产运营效率，现阶段乡村产业融合发展的主体已扩展为参与的组织和个人，主要包括农户、种养殖大户、家庭农场、涉农企业、合作社、政府、高校和其他涉农相关组织等。具体而言，1958 年的人民公社制度让传统农户受到了生产队的冲击，这种主体的经营管理效率并不太高，于是 1978 年党的十一届三中全会确立了以家庭联产承包责任制为中心的经济体制改革，重新确立了农户是农业生产经营主体的地位，并形成了统分结合的双层经营体制。在《中共中央关于推进农村改革发展若干重大问题的决定》发布之后，家庭农户成为了乡村产业发展的主体；2014 年"中央一号文件"《关于全面深化农村改革加快推进农业现代化的若干意见》提出要"构建新型农业经营体系"，并且"推进财政支持农民合作社创新试点，引导发展农民专业合作社联合社。按照自愿原则开展家庭农场登记。鼓励发展混合所有制农业产业化龙头企业，推动集群发展，密切与农户、农民合作社的利益联结关系。"党的十八大报告提出"培育新型经营主体，发展多种形式规模经营，构建集约化、专业化、组织化、社会化相结合的新型农业经营体系"。此后，新型农业经营主体及其体系这一概念开始出现。所谓新型农业经营体系主要是指培育发展新型农业经营主体，逐步形成的以家庭承包经营为基础，专业大户、农民合作社、家庭农场、农业产业化龙头企业为骨干，其他组织形式为补充的农业经营体系。

随着市场环境制约逐步被突破，要素资源和商品流通市场逐渐发展完善，专业大户、农民专业合作社、家庭农场等新型经营主体也逐渐发展壮大，乡村产业主体和组织随之逐渐多元化。具体表现为全球乡村产业融合发展的主体都在从传统的小农户向新型农业经营主体和涉农企业进行转变，尤其我国的转变速度更快。如，中国农业农村部发布《新型农业经营主体和服务主体高质量发展规划（2020—2022 年）》中的数据显示，"截至 2018 年年底，全国家庭农场达到近 60 万家，其中县级以上示范家庭农场达 8.3 万家。全国依法登记的农民合作社达到 217.3 万家，是 2012 年年底的 3 倍多，其中县级以上示范社达 18 万多家。全国从事农业生产托管的社会化服务组织数量达到 37 万个。各类新型农业经营主体和服务主体快速发展，总量超过 300 万家，成为推动现代农业发展的重要力量"；规划还提出了如表 3.1 所示的预期性目标。

表 3.1　新型农业经营主体和服务主体培育发展主要指标

类型	指标名称	单位	2018 年基期值	2022 年指标值	属性
家庭农场	全国家庭农场数量	万家	60	100	预期性
	各级示范家庭农场数量	万家	8.3	10	预期性
农民合作社	农民合作社质量提升整县推进覆盖率	%	1	>80	预期性
农业社会化服务组织	农林牧渔服务业产值占农业总产值比重	%	5.2	>5.5	预期性
	农业生产托管服务面积	亿亩次	13.84	18	预期性
	覆盖小农户数量	万户	4 100	8 000	预期性
新型农业经营主体和服务主体经营	新型农业经营主体和服务主体经营者参训率	%	≈4.5	>5	预期性

资料来源：《新型农业经营主体和服务主体高质量发展规划（2020—2022 年）》（农政改发〔2020〕2 号）

综上所述，本研究所界定的"新型农业经营主体"主要包括种专业大户、涉农企业、龙头企业、家庭农场和农民专业合作社等。具体而言，"专业大户"主要是指从事某一种类的农产品生产，并且具有一定的生产规模和专业种养水平的企业。"家庭农场"一般是指通过承包经营或是租赁集体土地，对其进行适度规模经营，并且采用现代化、科学化的生产和管理手段，扩宽农业产前产中产后的产业链，不断提高农业生产效率、提升农产品的商品转化率的农业法人经济实体；农业农村部对其的定义是以家庭成员为主要劳动力，从事农业规模化、集约化、商品化经营，并以农业收入为家庭主要来源收入的新型农业生产经营主体。"农民专业合作社"是互助性经济组织，拥有一定组织架构，成员享有一定权利，其主要是围绕乡村产业的产前、产中、产后开展提供信息、协调生产、储存运输、资金互助等方面的服务，通过将分散的小农户组织起来，促进乡村产业专业化和一体化的生产融合方式；而根据《中华人民共和国农民专业合作社法》的定义，农民专业合作社则是指在农村家庭承包经营基础上，同类农产品的生产经营者或者同类生产经营服务的提供者、利用者，进行资源联合、民主管理的互助性经济组织。农业农村部的官网数据显示，截至 2020年 6 月底，全国依法登记的农民合作社达 221.8 万家，约是 2015 年年底的1.45 倍。农民合作社成员以农民为主体，辐射带动全国近一半的农户，普通农户成员占比达 95.4%。"涉农企业"大多是从家庭农场或者专业大户演变而成的，其主要按照现代企业的经营管理方式，是产权清晰、具有独立法人地位的经济实体，主要包括中小型农业企业以及农业股份公司。不同于一般的工商企业，"农业产业化龙头企业"则是更具有引领、号召和示范能力，并且涵盖了生产加工、中介组织和流通的产业，能够为农民提供系统化的服务且具有市场开拓能力。因而乡村产业融合发展的主体的扩展和升级过程，其实也是与中国乡村产业发展进步相匹配的，而且也能相互促进，提高生产效率，带来组织的经营优势。

3.3 乡村产业融合发展的主要模式及其成效

3.3.1 国际发展模式

就某种意义而言，产业融合是将分工、空间和生产率等多要素进行耦合，其具有丰富的地域空间经济和产业经济的内在含义。发达国家通过不同手段和方式促进乡村产业融合发展的已有实践探索取得了一系列值得借鉴的成功经验。虽然各个国家的经济社会发展阶段不同，地理条件和资源禀赋有所差异，但各国通过制度和技术创新等促进乡村产业融合发展的模式和路径对中国乡村产业融合发展和可持续发展具有一定的借鉴价值。如日本六次产业发展模式，以拓展乡村产业多功能性为主的农旅融合模式，以技术创新支持为主的北美模式和制度创新支持产业的可持续发展模式等。

（1）日本六次产业发展模式

为了缓解由工业化和城市化进程导致的城乡发展不平衡状态，1961 年日本颁布了《农业基本法》，用于提升乡村福祉水平，改善交通、卫生等公共服务水平，有效缩小了城乡收入差距。但 1980 年的国际贸易市场大量进口农产品对日本农业的发展带来了冲击，使其部分乡村出现了衰退。为了恢复乡村昔日的活力，日本采取了更全面的乡村发展措施，即通过"一村一品"精准施策，充分挖掘不同地区的特色资源提升产业附加值，创新利用自然地域资源带动乡村旅游业，并通过日本农协的组织促进农村非农产业发展，有效发挥了农业的多功能性。在 20 世纪 90 年代初期，日本开始兴起了传承"稻米文化"保护运动，拉开了农业和乡村产业多功能性（agricultural multi-Functionality）研究的序幕，即除了传统的生产功能，农业还具有经济、文化、生态和社会等多方面的功能。

又如，日本今村奈良臣于 1996 年提出发展"第六产业"（也称"六次产业"），即突破原有的产业边界，通过区域间的协作，不仅使乡村一二三产业的效益能够达到"1+2+3＝6"，而且创造出"1×2×3 大于 6"的产业价值链延伸效益。日本政府在 2008 年出台《农山渔村第六次产业发展目标》后，更多学者分析发现日本的"六次产业"做法对促进产业融合发展有着有益的启示，特别是农村产业融合所带来的乘法效应能增强农产品的国际竞争力，繁荣发展农村经济，提升农民收入等。由于中国与日本乡村资源禀赋类似，其借鉴意义更为突出。

（2）以拓展乡村产业多功能性为主的农旅融合模式

20 世纪 70 年代，加拿大乡村复兴基金会组织了新乡村经济运动（new rural economy，NRE），即通过政策制定者、科研人员和乡村居民的协同合作，凝聚乡村内部和外部的多种资源，不断增强乡村的经济社会发展建设能力。加拿大的"乡村建设运动"十分具有代表性，其主要通过保护乡村相关的自然和文化遗产，通过观光农业和农旅融合的方式，进一步挖掘乡村产业的多功能性，并且十分关注农业现代化和信息化的发展，通过联邦政府和省级政府成立的乡村产业信息中心汇总各类信息为产业主体提供信息服务和决策咨询，利用卫星定位技术、土壤实时监测系统和现代信息科技手段，实现了农场规模化、机械化、市场化和信息化的现代农业生产经营方式。

英国政府在 1968 年就出台了《英格兰和威尔士乡村保护法》，并将农事体验、奔牛、骑马等休闲娱乐项目纳入乡村发展的规划当中，并在部分地区陆续将乡村特色建筑改造成农场庄园用于发展乡村旅游。2016 年英国政府又提出了"数字战略 2025"，不仅积极引导社会资本入驻乡村的信息技术建设，而且引导工农商部门进一步融合发展，提高了农业生产经营效率，延长了乡村产业链发展，并利用组织的力量在金融业、保险业、教育业、技术交流乃至国际贸易等领域，激发带动了农民自立、自助和勤勉合作的精神，强化了乡村建设的人才队伍支撑保障。与此同时，发达国家的许多研究证实：乡村产业与旅游业的融合发展能够将农业资源作为一种资本资产，能在有效利用并更有效且有潜力地发挥农业的多功能性功能的同时，吸引更多的私人以及公共部门等对该地进行投资（Roberts，2001）。总之，农业产业化和农工商一体化的发展能够促进农民就业增收；同时，产业化经营组织的快速发展和壮大，能提高农产品的供给保障能力和安全水平；龙头企业集群还能进一步带动县域经济的发展（Hamilton，2014）。

（3）以技术创新支持为主的北美模式

在北美地区，美国主要是通过开展"乡村发展计划"，即通过一系列政府支持计划和政策，如《农业调整法》《联邦农业改进和改革法》、乡村社区提升计划，从用地保护、金融信贷、生物能源和研究推广等方面全方位地提升农产品的质量、竞争力和国际市场份额，同时十分重视农业规模化经营、工业化生产和科技成果的推广，并且在比较效益的驱动下，各州根据自身优势发展当地的特色农业和家庭农场。2018 年美国政府出台的《农业提升法案》更加注重互联网技术对乡村产业发展的赋能作用；之后美国政府还大力推进农业机械化的发展，一是以财政资金为引导，建立了多元化的农村金融体系，由农场信贷系统、商业银行贷款、政府贷款为农业发展、居民住房和消费、农村人居环境治理提供资金支持；二是通过培训讲座、设立科技服务站等方式在各州推广农机的使用，促进农业规模化经营发展；三是利用信息通信技术为农民提供较为准确的市场信息规避风险；四是纯公共产品由政府投入，其余公共产品采取 BOT（建设-运营-转让）和 PPP（公共私营合作制）等政府和民间营利组织的合作经营模式，引导社会力量参与乡村公共产品的投入，进而促进乡村产业的融合发展。

（4）制度创新支持产业的可持续发展模式

联合国环境与发展大会在 1992 年发布的《21 世纪议程》中第十四章的"促进可持续农业和农村发展"以及 1996 年《世界食物安全罗马宣言》和《世界粮食首脑会议行动计划》都提出农业政策、规划的制定要在农业多功能性上进行考虑，并且要通过不同地区的要素禀赋重新制定一个与农业相结合，并包括社会效益、经济发展、环境变化和成本效益的分析框架，让乡村得以可持续发展。20 世纪 90 年代，在爱尔兰举办的首届欧洲乡村发展大会制定了发展规划，用于提升农业价值链、加强城乡联系、改善乡村治理、强化绩效问责、促进乡村繁荣等。2016 年欧盟各成员国进一步提出了《美好乡村生活——科克宣言 2.0》，进一步勾画了发展生物循环经济、应对气候变化、保障优质粮食供应、完善乡村公共服务、消除数字鸿沟等可持续发展的乡村建设蓝图。与此同时，部分成员国以乡村检验（rural proofing）作为推动乡村建设的创新政策工具，通过检查各项政府干预政策对乡村发展的影响，由专业乡村检验评估团、乡村议会和政府等共同设计能对接乡村居民期望的新计划，从而更好地促进整个乡村的发展。

3.3.2　国内实践探索

（1）以电子商务为主的产业融合发展实践

从理论研究的角度看，乡村产业融合发展的根本目的是通过要素集聚、技术渗透和制度创新，促进农业高质量发展、农民福祉持续增进和推动农村一二三产业融合发展，进一步加快实现农业农村优先发展，并且能够有效地控制资金风险，更好地实现风险防控，乡村产业融合发展具有巨大的市场潜力（肖卫东和杜志雄，2019；汪恭礼，2018；周立，2018；Goldfarb and Catherine，2019）。2021 年"中央一号文件"《中共中央 国务院关于全面推进乡村振兴加快农业农村现代化的意见》中"产业"出现了30 余次，足以说明乡村产业发展的重要性和必要性。从实践探索的角度看，乡村产业的融合发展也为社会带来了勃勃生机和倍增效应，如中国江苏武进区利用"互联网+农村电子商务"的模式，通过标准化生产翠冠梨，不仅节省了冷冻成本费用，而且改善了以往中间商赚取差价的情况，能够让农民获得80%以上的利润。重庆市云阳县有效利用电子商务快车，截至2018年年底已建成乡镇电商综合服务站41个，村级电商综合服务点298个，并且通过电子商务渠道使贫困户农特产品在2018年的销售额达到4 436.8万元，人均增收758.5元。

现阶段，虽然电子商务为主的乡村产业融合发展在部分地区的探索实践初具成效，但就整个乡村产业融合发展而言，其仍然面临农村信用体系不完善，多元化多层次的农村金融服务体系尚未完全建立，农业农村的数字基础设施建设全覆盖尚未实现，信息数据资源分散、整合共享不充分、协同高效的数据分享体系尚未完全建立，相关标准制定和治理法律法规仍不健全、具有数字素养的人才仍然缺乏、管理服务支撑不强等问题，这些都制约了中国农业农村现代化的发展进程，故我们需要不断创新体制机制，促进乡村产业融合发展，实现产业兴旺和乡村振兴战略目标。

（2）政府和银行企业协作的数字金融发展实践

中国国家级普惠金融改革试验区河南兰考县，通过实践探索形成了"一平台四体系"模式，有力推动了县域经济平稳快速发展，有效解决了传统金融所面临的成本高、效率低和风险控制难等问题，并通过金融科技的不断完善和助力，将普惠金融贷款用于生产性用途，进一步对当地的现代农业实施产业发展奖补，充分发挥了数字普惠金融对乡村振兴的支撑作用，促进了乡村产业的发展壮大。同时，随着数字金融服务创新体系的发展，中央财政积极落实支持农村金融组织体系建设，农业农村部与相关部门和银企机构协同合作，不断提升金融服务乡村产业的能力，不仅体现如近年来支持超过3 000家（次）新型农村金融机构和西部基础金融服务薄弱地区金融机构（网点），而且截至2021年9月，中国建设银行、中国农业银行和中国农业发展银行等均成立了乡村振兴金融部。2021年《农业农村部办公厅 中国农业银行办公室关于加强金融支持乡村休闲旅游业发展的通知》（农办产〔2021〕4号），进一步强调要"创新金融产品。在中国美丽休闲乡村和重点县范围内，积极推广"景区开发贷""景区收益权贷""惠农 e 贷"和"农家乐贷"等中国农业银行特色产品"，以及"聚焦'互联网+旅游'，积极提供各类开放银行产品和智慧景区、智慧停车、智慧物业等场景金融服务，推动数字技术在金融服务乡村休闲旅游业中的应用。对于有资金溯源监管需求的项目，探索建立线上资金监管平台，提升资金穿透式监管能力"。在这类通过政府主导，银行和企业协同配合的科技创新服务模式中，银行利用电子渠道拓宽其交易渠道，农村地区也获得了更多的金融服务。总之，用数字金融赋能银行惠民服务，不但能以更低的成本解决"融资难、融资贵、融资慢"的问题，更能在"大国小农"的情景下走出中国特色社会主义的乡村振兴道路，并充分发挥数字金融服务"三农"的公平性、普惠性和共享性等作用功能。

综上所述，在国内外的实践探索发展过程中，乡村产业融合发展的模式主要有以生态循环农业发展为核心目标，在产业内通过农牧、农渔等产业间融合的方式，调整优化农林牧渔业产业间的结构，不断提升生产效率的内部合作循环模式；以当地特色农产品为基础，通过与合作社、龙头企业等不同的组织类型的合作，不断延伸产业链，在生产、加工、销售、管理等环节纵向延伸传统农业，延伸价值链且不断提升农产品的附加值的链条整合延伸模式；通过互联网、大数据、云计算等新型现代信息技术与农业供应、生产、管理、运输、销售等阶段互联互接，带动智慧农业、现代化农业发展的数字经济融合渗透模式；在保障传统农业生产经营的基础上，主要以一产和三产融合为主，带动农业与旅游、养老、健康、文化等融合形成休闲农业、特色小镇、康养度假等新业态的多功能扩展模式等类型。因此，无论是从出台法律政策保障护航，到扩展乡村发展与休闲旅游的结合，还是通过创新实现农业多功能和可持续发展，再到利用技术创新加强乡村互联网建设推进现代化进程等方式，以及政府和银行企业的协作模式，均能为促进乡村产业融合发展保驾护航。

3.4 数字金融促进乡村产业融合发展的现实格局与主要障碍

党的十九大以来，中央对乡村产业发展重视程度提升到前所未有的高度，明确提出产业兴旺是乡村振兴的基础，并在机构设置、产业发展和政策建设上做出了一系列新的调整。党的二十大报告要求，扎实推动乡村产业、人才、文化、生态、组织等方面的发展，形成乡村特色产业，拓宽农民增收致富渠道。巩固拓展脱贫攻坚成果，增强脱贫地区和脱贫群众内生发展动力。特别是随着"互联网+"迅速发展和壮大，数字经济、数字金融、智慧农业等数字化转型升级发展迅猛，成效显著。无论是国际上通过法律、制度、财政、金融、信息中心建设等不同方式促进乡村产业融合发展的模式，还是中国已有的政府主导成功实践模式，对后续我国各地区利用数字金融促进乡村产业融合发展都有一定的借鉴意义，我国需要与时俱进，不断创新机制，增强相应的推动和保障作用。

3.4.1 现实格局与总体态势

在宏观层面，农业农村部的数据显示：截至 2020 年，随着乡村产业融合发展的进度加快，各类返乡入乡创业创新人员达到 1 010 万人，比 2019 年增加约 160 万人，同比增长 19%，凸显了乡村就业的"蓄水池"作用，而且其中约 20% 回归种养业，主要从事规模种养、特色种养、育苗育种或领办合办农民合作社、家庭农场。截至 2018 年年底，全国有农民专业合作社近 200 万个，其中被认定为示范社的有 157 141 个，随着合作社规模的扩张和壮大，相应的融资需求也迅速增长；其中约 55% 的人创办起家庭工场、乡村车间等，发展餐饮民宿、农产品初加工、特色工艺等乡村产业融合发展类型，广泛覆盖生产、加工、销售、服务、农业文化旅游教育融合等领域，相应的金融需求呈现出多层次、多元化、综合性的特征。随着居民收入特征的变化，城乡间居民人均可支配收入的差距也在不断缩小（如图 3.2 所示），从 2011 年到 2020 年城乡收入倍差从 3 下降到 2.6，这也催生出了一些新的如保险、财富管理等类型的金融需求。

与此同时，从 2011 年至 2018 年，数字金融总指数呈持续增长的趋势（如图 3.3 所示），数字金融使用深度指数包含的支付使用指数和信贷使用指数等主要是货币基金、投资信用和信贷保险等，该指标和总指标的增长趋势和幅度最相近；分维度指数中的数字化程度主要包括移动化、实惠化、信用化和便利化指数四个维度，是数字金融总指数分维度指标中增速最快的，该指标能够较好地体现用户真正获得的数字金融供给程度，也能较好地体现数字金融发展的"长尾效应"。

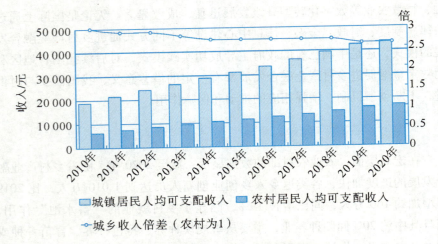

城镇居民人均可支配收入 ■ 农村居民人均可支配收入

城乡收入倍差（农村为1）

图 3.2　全国人均可支配收入年度变化情况

数据来源：国家统计局

◆总指数 □覆盖广度 △使用深度 ○数字化程度

图 3.3　数字金融总指数和分维度指数的变化情况

数据来源：北京大学数字普惠金融指数

在中微观层面，2021 年本研究团队在湖南省、云南省、贵州省、四川省和重庆市的调研中发现，随着科学技术的发展、信息网络完善、教育资源的丰富、物流体系的逐步完善和健全、社会资本支持等，乡村的产业发展变得更加多元化、融合化和精细化，更多的新业态和新载体不断进化升级、迭代更新。乡村产业融合发展有利于农业产业链延伸，为农民创造更多就业和增收机会，进而促进农民福祉持续增进。党的十九大报告提出，构建现代农业产业体系和生产体系、经营体系，培育新型农业经营主体。新型农业经营主体是推进实现乡村振兴战略的中坚力量，在乡村产业融合发展的进程中起着领头羊的作用，调查样本中的新型农业经营主体，绝大多数是种养殖专业大户（占比35.41%），其次是农民合作社负责人（22.84%）和家庭农场负责人（23.76%），并且许多专业大户也是农民合作社的理事会成员或是农业产业化龙头企业的核心成员、涉农企业的股东代表。在受访地区的新型农业经营主体中，约43.4%的主体参与了乡村产业融合发展，其中参与了种养殖农业间融合和立体循环农业发展的主体占据调研样本量的11.15%，有10.16%参与了如农产品加工业的一二产融合发展的主体，有8.42%的主体参与了农旅融合等的一三产复合型乡村旅游业发展，有8.31%的主体使用电子商务或互联网营销等促进其产业发展，还有5.2%的主体正在尝试较为新颖的智慧农业发展平台和项目等。但在从事乡村产业融合发展的时候，绝大部分受访新型农业主体面临着信贷约束。在调研交流中发现，由于缺乏资金支持或者缺乏合适的金融产品，乡村产业融合发展进度放缓。还有部分主体认为技术条件欠缺、没有政策支持，土地问题以及自身文化程度等也阻碍了乡村产业融合发展的进程（如图3.4所示）。

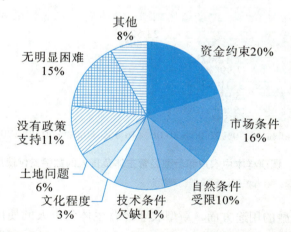

图3.4　调研样本中新型农业经营主体在乡村产业融合发展中遇到的困难

数据来源：笔者根据调研数据整理绘制

　　与此同时，笔者在实际调研中发现，在问及新型农业经营主体若能使用互联网贷款或者数字金融产品进行互联网借贷的倾向排序时，绝大部分受访主体更愿意接受如"惠农 e 贷"等银行的线上借贷产品；其次是选择政府机构与企业等合作的数字金融产品，虽然也有部分愿意使用新型农村金融机构的数字金融产品，但仍有许多主体因为害怕风险，目前还不愿意尝试使用互联网贷款的方式。因而我们要进一步增强数字金融的深度与广度，开发数字金融产品与服务，以市场需求为导向推动数字金融与脱贫攻坚、乡村振兴需求有机融合，同时设计操作简单、交易便捷的数字金融产品与服务，实现金融产品生产数字化、消费网络化、交易信息化，提高农村金融服务效率，降低农村金融交易成本。有近 70% 的农户表示有使用数字金融的意愿，新型经营主体负责人中使用数字金融中的数字支付比例更是高达 84%，使用数字支付的年限平均在 5 年，这与宏观层面数字金融的发展态势也基本吻合。此外，调研样本中 20~40 岁的受访者中使用数字支付的比例高达 96.92%，在 41~60 岁中的受访者占比也达到了 87.37%，数字支付已日益成为农村地区日常生活消费的重要支付手段，有 46.85% 的农户与 61.60% 的新型经营主体负责人每周使用数字支付 5 次以上（如图 3.5 所示）。

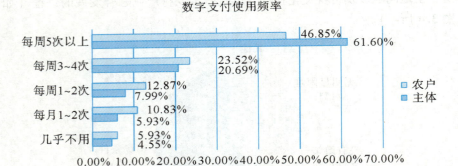

图 3.5 调研样本中农户和新型经营主体负责人的数字支付使用频率

数据来源：笔者根据调研数据整理绘制。

在数字金融的用途方面，新型农业经营主体负责人的使用用途比较集中，77% 的新型经营主体负责人使用数字支付来进行农业生产经营，6% 的主体使用数字金融进行工商业生产经营，其余新型农业经营主体使用数字金融的用途较分散（如图 3.6 所示）。

总体而言，无论是在宏观层面还是微观层面，我们都可以看出，中国的数字金融发展迅猛，乡村产业融合发展的态势也在加速。但就现实发展而言，数字金融对乡村产业融合发展的激励作用还有待加强，激励机制还有待完善。如，笔者在湖南调研时发现，有71%的小农户由于受限于融资条件，所以没有从事乡村产业融合发展；在新型农业经营主体从事一二三产业融合发展所遇到的最主要的困难中，缺乏资金支持和没有合适的融资产品占比49.2%，自然条件受限占比18.1%，市场条件受限以及技术条件欠缺的占比为23.7%，大部分乡村产业融合发展新型农业经营主体的资金缺口平均每年约70万元；虽然大部分新型农业经营主体以线下和民间渠道进行借贷为主，但是大部分家庭农场、种植养殖大户乃至一些涉农公司在发展乡村产业融合项目的初期对资金的需求量十分大，所以他们非常愿意通过新的金融渠道进行借贷活动，尤其希望有除互联网金融企业外的具有政府保障的相关数字金融产品进行融资；与此同时，还有部分新型农业经营主体认为自身缺乏相应的金融知识，怕遇上网络诈骗，所以不敢用数字金融产品，但传统借贷渠道所提供的融资不能满足从事乡村产业融合发展新型农业经营主体的资金需求，所以陷入了两难的局面。此外，对于部分数字金融供给方而言，部分地区的数字金融基础设施较弱，开展业务也会受到相应的影响，并且缺少相应的政府合作或者有效宣传，从而导致供给方无法成功获得有需求群体的信任，双方依旧处于供需尚未有效匹配状态。

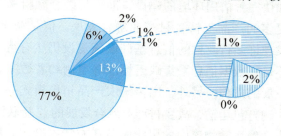

图3.6　调研样本中新型农业经营主体使用数字金融的用途

数据来源：笔者根据调研数据自行绘制。

3.4.2　主要障碍及其成因

中国"三农"的发展长期以来都受到农村金融供给不足的制约（洪正等，2010）。中国的金融体系以银行为主，银行是传统金融部门中最先迈入"三农"融资市场的,但受其运营模式的成本约束、农村金融需求主体较为分散等问题的影响,传统银行业在农村地区很难提供物美价廉的金融服务,并且由信息不对称产生的逆向选择,增加了价格和违约风险。中国信息通信研究院《中国数字经济发展白皮书》的数据显示,2020年中国产业数字化规模达31.7万亿元,约占数字经济比重的80.9%,GDP比重的31.2%;但是农业数字经济渗透率为8.9%,远低于工业21.0%、服务业40.7%的水平;《2020年全国县域数字农业农村发展水平评价报告》的数据显示,截至2020年,全国县域农业农村信息化建设的财政投入为182.1亿元,但县域农业农村信息化财政投入低于全国平均水平的县(市、区)有1 904个,占比高达81.8%,这也间接说明合理的资金资本投入机制尚未形成。此外,笔者通过实地调研发现,在数字金融促进乡村产业融合发展的过程中,还存在着如下障碍亟待解决。

(1) 因地制宜的信息基础设施建设仍然不足

首先,全国仍有小部分行政村尚未实现光纤宽带和4G网络通达,并且笔者在西南地区的实地调研中也发现,许多农户尚未使用4G网络,互联网基础设施建设有待加强。其次,农村地区的征信体系也有待进一步升级完善,虽然七部门出台的《关于扩大农业农村有效投资 加快补上"三农"领域突出短板的意见》(中农发〔2020〕10号)、六部门①发布的《关于金融支持新型农业经营主体发展的意见》(银发〔2021〕133号)等制度政策有利于加快完善信用环境的建设,助力传统金融机构的数字化转型升级,设计出更多的产品支持乡村产业融合发展。但是截至2018年年底,据笔者调研发现许多行政村的信息基础设施建设仍然有待提升,当地的信用体系建设不足、数据信息采集缺乏标准等也制约着数字金融服务融入乡村产业融合发展的进程。另外,因传统农产品销售模式一般采用集装箱运输或大规模货物打包运输,故乡村产业融合发展的"互联网+供产销"模式虽能节约成本,但运输物流中的风险防范还有待提升;有些地区虽已开始布局和实施数字经济等设施的建立,但有时却忽略了各地区差异化的

---

① 虽然中央农村工作领导小组办公室、农业农村部、国家发展和改革委员会、财政部、中国人民银行、中国银行保险监督管理委员会、中国证券监督管理委员会七部门联合印发的《关于扩大农业农村有效投资 加快补上"三农"领域突出短板的意见》(中农发〔2020〕10号),中国人民银行、中央农办、农业农村部、财政部、银保监会和证监会发布的《关于金融支持新型农业经营主体发展的意见》(银发〔2021〕133号)等制度政策有利于加快完善信用环境的建设,助力传统金融机构的数字化转型升级,并且设计出更多的产品支持乡村产业融合发展。

需求，从而导致了相关基础设施建设的资源浪费和供需不匹配等问题。总之，数字基础设施的不足对于发展金融科技、探索数字金融业务的发展有一定的阻碍，使各地无法完全构建数字金融的应用场景和生态，这也导致了各地难以建成综合性的大数据征信体系和产业发展体系障碍。

（2）数字人才和高素质创新型人力资源依然缺乏

数字人才不仅包括传统意义上的信息技术专业技能人才，还涵盖能够与信息技术专业技能互补协同和具有数字化素养的跨界人才。因此，我国在相应的人力资本培育和积累方面也亟待加快相应的培育方式。具体而言，一是农民的基础文化教育水平和普及率在不断上升，但在即将到来的全球性农业科技革命中，社会的快速进步不仅要求农民具备一定的基础文化教育知识，而且还需要懂技术，有市场意识，懂法律。但相应培育的投入不足和人力资本积累不足可能会成为阻碍农业农村现代化发展的双重瓶颈。二是许多外出务工人员、外出上大学的年轻人和新生代农民工依旧不太愿意返乡，如何吸引大学生投身乡村振兴是高素质农民培育体系的重点之一。三是在现阶段的"三农"领域，严重缺乏既懂互联网又了解经营管理的人才，农业社会化服务体系和互联网的融合还不够，特别是在电子商务和物流领域，相关的涉农服务人员缺少实际操作技能和相关培训机会，这制约了农业农村电子商务的发展。四是传统的一些农民培训渠道和方式，重在"培训"而非"培育"，一些地方以速成培训为主，重任务、轻实效，并且其师资资源较为分散；还有一些地方培训职责尚不明晰，各部门未能有效整合资源，存在一些重复培训浪费资源的现象，因而未能形成较为高效的培训体系。五是一些地方对农民培训需求的调研还不足，无法更有针对性地设计培训内容，对接农民的实用需求，从而造成部分地区的培训效率和效果不佳等情况常有发生。

（3）征信与大数据体系的建设有待加快

在数字金融快速发展的时代背景下，金融活动将会更加依赖于大数据基础上的征信。根据《中国征信发展报告》的定义，"征信"是指依法收集、整理、保存、加工自然人、法人及其他组织的信用信息，并对其提供信用报告、评估和信息咨询等服务，帮助客户判断和控制信用风险，进行信用管理的活动。数字金融的发展速度和覆盖面很大一部分与大数据征信有关，即大数据具有体量大、来源广和增速快等特点。但目前很多地区的大数据征信覆盖范围和人群较少，采集到的征信数据维度较单一，各地数据的口径和格式也并不统一，这会导致在进行数据共享和分析时候出现一些新的问题。此外，"三农"领域的数据本身的特质就是量大种类多，导致许多核心数据尚未收集，尤其是相关的农业大数据仅有局部范围的；并且目前所收集到的一些数据质量欠佳，部分数据采集工作有一些是无意义的重复性劳动。故我们只有加快建设和完善大数据征信体系，才能降低供需双方的信用信息不对称程度，降低交易成本。供需双方可利用大数据扩展交易的边界，提高交易成功的可能性。

（4）数字金融产品和服务类型创新不足

虽然中国的数字金融已经走在了世界前列，促进数字金融和金融科技的顶层设计也在不断推出，原银保监会的数据显示，截至 2020 年我国银行机构和保险机构信息科技资金总投入分别为 2 078 亿元和 351 亿元，同比增长 20% 和 27%，在银行机构自身进行系统性转型的同时，金融机构数字化的巨大投入和行业整体的转型也在飞速进步，但是我国数字金融的产品创新和服务类型仅处于初创期。具体而言，银行等金融机构的传统的业务流程线上化、移动化的数字化转型已基本成型，但有关数字金融的 APP、营销渠道和场景生态等的数字化创新暂且不足，与此同时，目前已有的数字金融相关信贷创新产品的多样性等还远远不能满足乡村产业融合发展的需求，因而，乡村产业融合发展不平衡不充分的问题及矛盾依旧突出，故我国更应该大力推进银行业金融机构与证券机构、保险公司、租赁公司、担保公司、期货公司等金融同业的互补合作，使其创新开发多元化和多层次的数字金融服务产品，明确各自业务重点并形成多维度、多类别、个性化的服务体系，降低乡村产业融合发展从业主体的金融服务获取成本，并不断进行机制创新以满足乡村产业融合发展从业主体多样化的信贷需求，从而促进乡村产业融合发展。

（5）数字金融行业秩序有待进一步规范

《中共中央 国务院关于全面推进乡村振兴加快农业农村现代化的意见》提出，支持以市场化方式设立乡村振兴基金，撬动金融资本、社会力量参与，重点支持乡村产业发展。但因金融风险不仅隐蔽性高、传染性快，容易滋生不良投机行为，产生道德风险，提高了逆向选择发生的概率，特别是农村地区由于各方面条件不够完善，更可能出现"庞氏骗局"等金融风险而引发的不稳定状况，加之新技术的融入使得部分新金融科技有更隐蔽和传染性更高的潜在风险，因此，目前我国数字金融领域的行业市场秩序规范化程度还不高，故相应产品、技术和风险边界有待进一步整合规范。另外，数字金融的发展是基于数据这种生产要素，故我们需对数据确权等进行相应的规范，但目前我国相应的权责利归属暂不明晰，尤其是对所采集的相关客户群体的个人隐私保护方面还有很大的提升空间，相应数据的所有权和使用权范围以及信息的二次开发权等都急需相应的标准规范或是法制保障。

3.5　本章小结

现阶段，中国乡村产业融合发展虽取得了一定的成绩，但仍缺乏合力和活力，导致农产品竞争力难以得到有效提升；大部分乡村仍然处于空心化和老龄化的状态，农业劳动力素质普遍偏低；乡村产业融合的主体如龙头企业、家庭农场和农民合作社等新型农业经营组织的数量较少、规模较小，并且由于缺少多样化的信贷服务，新型农业经营主体发展也受到了一定的制约。此外，虽然有一系列的政策支持数字金融服务于乡村产业融合发展，如《乡村振兴战略规划（2018—2022 年）》提出要夯实乡村信息化基础，"实施数字乡村战略，加快物联网、地理信息、智能设备等现代信息技术与农村生产生活的全面深度融合"；《数字乡村发展战略纲要》指出，"数字乡村是伴随网络化、信息化和数字化在农业农村经济社会发展中的应用，以及农民现代信息技能的提高而内生的农业农村现代化发展和转型进程"，并就"进一步发掘信息化在乡村振兴中的巨大潜力"给出了一系列指导意见。但总体上金融供给主体的参与意愿不高，特别是针对"三农"领域个性化、差异化的金融服务供给有限。此外，目前关于数字金融服务乡村产业融合发展的相关政策体系不完善，导致相应的数字金融服务活动较难监管；一些数字基础设施建设滞后的地方，智能化金融互联网终端的布设远远不够，许多生产经营主体、农户及其产业无法融入新的数字金融应用场景内；在经济较弱和教育水平较低的地区，农村居民仍面临着较为严峻的"数字鸿沟"，这也是需要我们建立创新机制并快速突破解决的问题。

但毋庸置疑的是，国内外已有成功模式和实践探索表明，乡村产业融合发展通过不断打破行业间的壁垒，利用技术融合、价值优化和功能的整合作用，不断优化产业结构，提升了产业发展效益，催生出了休闲观光农业、智慧农业和绿色可循环生态农业；农产品电子商务发展和互联网赋能产业发展等乡村产业发展的新动能不断涌现。因此，为了进一步加快促进乡村产业融合发展，首先我们需要，政府的主导和政策的支持，科学技术的赋能，以及政府与市场的有机协同与合作；其次，加快金融体系的数字化转型升级，特别是通过数字金融对融资需求主体的短、频、快的需求提供支持；最后，通过进一步总结归纳实践探索模式，特别是深入剖析已有典型实践，从中提炼出创新点及其发展规律，并分析出值得借鉴的方式，探索出可能存在的现实障碍和问题，进而不断地进行数字金融促进乡村产业融合发展的机制创新。

第4章　数字金融促进乡村产业融合发展的理论框架

本章在回顾和总结前文章节，特别是对文献综述和核心概念梳理的基础上，重点探索和构建数字金融促进乡村产业融合发展的理论框架。数字金融促进乡村产业融合发展的理论框架，从理论渊源看，具有价值取向和目标实现的内在统一性；从实践逻辑看，具有行为的耦合性。另外，本章通过对供给方和需求方适配性和动态平衡性的分析，进一步梳理出数字金融与乡村产业融合发展的关系特征、要素匹配及促进机理，并在此基础上提出数字金融促进乡村产业融合发展的理论假设，进而为后续章节的实证检验、实践总结和机制创新等研究提供理论依据，奠定逻辑基础。

4.1　数字金融与乡村产业融合发展的关系特征

世界上万事万物的产生和发展都有其内因和外因，也是共性与个性、抽象与具体的对立统一。不同个体的行为和互动造成了不同社会现象的发生，人们会依据期望的成本和额外收益来进行选择，并不断权衡利弊进行优化。金融行为本质上是人的社会行为，市场也是社会行动中互动下的一种产物和形式（Weber，1998）。乡村产业的市场需求增加，一方面，会带动乡村产业的生产经营活动，进而促进社会经济的发展；社会经济的不断发展和壮大也会反哺促进乡村产业发展，带动乡村产业结构的发展演变，促进乡村产业融合发展。另一方面，乡村产业融合发展也扩大了对金融的需求，特别是乡村产业数字化转型、供给侧改革、智慧农业发展、特色产业品牌打造和农文旅融合开发等项目的开发和成长，更增加了对数字金融的渴求；处于创业初期和成长发展期的新型农业经营主体以及农户对数字金融的需求亦十分迫切和旺盛，并且其金融需求还呈现出多层次、多样化和综合性等特征。

4.1.1 关联关系

金融及其相关的活动能够促进经济和实体产业的发展，无论是在理论研究中，还是实践发展中，各产业部门的结构优化和协调发展都依赖于金融的支持。同时，产业体系的良好发展，也为金融部门产业化发展和金融业务的创新提供了物质条件和市场需求。产业经济学理论认为，产业是指某种同类属性的经济活动的集合或系统，是利益相互联系、具有不同分工和由相关行业或部门构成的经济业态总称，包括但不限于第一、第二、第三产业和其余的产业部门等。金融通常是指从事各类金融活动（包括资金融通、银行信贷、资本市场服务和保险服务等）的国民经济部门，即业界通常所称的金融业或者金融部门（李悦，1998；苏东水，2000；刘志彪，2009）。具体而言，金融能够为社会生产资本循环过程助力。在空间维度上，金融能够促进资源的有效配置；在时间维度上，金融中介机构和融资市场的发展能解决跨期不确定性，金融产品及其服务的普及能够使人们获得财富的机会更加平等（陈志武，2009；陆岷峰，2018）。

乡村产业融合发展是乡村产业发展的重要方式和新型实践，是实现乡村产业兴旺和乡村振兴的基础和关键环节以及必然选择。乡村产业融合发展资金需求的主要特征是周期性强，短、频、快，缺乏正规抵押品等，因而亟须多元化、多层次和综合性的农村金融服务体系和创新产品与之相适应。数字金融恰好是扩展农村金融服务和提升金融助力乡村产业发展的必然选择。原因如下：一是从交易成本角度分析，金融交易成本通常是指在金融交易活动中耗费的人力、物力和财力的价值表现。对于金融机构来说，数字金融的服务和产品创新有利于其节省相应的物理网点成本和人力服务成本，并且通过数字金融服务能提升其自身的竞争力，获得优于传统金融的核心竞争力，进而降低相应的运营成本和风险成本。二是从风险控制角度分析，虽然数字金融的创新可以使金融业务有效提速和扩容，但也增加了操作风险、信用风险和流动性风险，加大了风险控制的难度和维度。然而大数据和云计算等新型技术赋能数字金融服务体系，进一步发挥数据这一新型生产要素的精准特性和有效整合性等特征，在一定程度上能有效增强风险控制的有效性、准确性、时效性和稳定性，建立风险可控的信用和管理体系，从而更好地助力乡村产业融合发展。三是从信息不对称角度分析，基于数字化技术和现代信息技术发展起来的数字金融能够有效实现借贷双方的供需匹配及资金交换，并且能够通过"鲇鱼效应"和技术溢出效应等促进传统金融的升级优化，提高金融服务体系的效率，从而有助于降低农户融资门槛和乡村信息不对称程度，缓解长期以来的融资难、融资贵、融资慢等问题。四是从供需双方角度分析，目前从事乡村产业融合发展的主力军主要是种养殖大户、家庭农场、农民合作社和涉农企业等新型农业经营主体，其发展规模特别是扩大再生产受限于不同形式和不同程度的融资约束，而数字金融能够扩展金融服务的深度和广度，打破传统金融的时空限制，丰富新型农业经营主体的融资渠道选择和多样化产品供给，助力金融服务乡村产业融合发展的经营主体。同时，乡村产业融合发展的进一步发展壮大及对融资的更大需求，亦为数字金融的快速发展创新提供了新动能和更广阔的供给市场。

4.1.2 供需特征

（1）供需适配性

长期以来，由于过高的交易成本和信息不对称，传统金融系统和服务对风险较高、周期较长且收益不确定的农业有一定的排斥，这也是乡村产业发展所面临的世界性难题和障碍。如从金融地理学的视角分析，金融排斥的主要原因在于地理环境的差异（Leyshon et al., 1995），其会导致金融供给和需求双方无法实现有效对接。另外，除空间的物理距离排斥性外，还存在需求方的自我排斥性（缺乏金融能力或者意愿）等，其会导致社会中一部分群体被传统的金融服务机构所限制和排斥。因此，有学者从约束诱导、规避性和交易费用等方面提出了金融创新的相关理论，并将金融创新的原因归纳为技术创新的结果。随着与金融相关的活动和工具的创新升级和变化，以数字金融为主的金融创新所具有的高渗透性和外部经济性，能够解决信息不对称产生的问题，弥补市场的不完美和降低交易营销成本（Rajan et al., 1999；Guo et, 2016；王国刚, 2018；郭峰 等, 2020；Arner et al., 2021）。数字金融的快速发展有能力成为促进经济发展，特别是数字经济快速发展的必然选择，亦能为中国政府大力倡导和实践的乡村产业融合发展所需的融资需求提供支撑保障。

当前，中国数字金融的发展已逐步进入世界经济发展的快车道。具体表现为：在服务形态和制度变迁上经历了"小额贷款→微型金融→普惠金融"的演化历程；在内在逻辑上表现为"服务需求→金融创新（组织创新、技术创新、渠道创新等方面）→服务供给"。但无论如何，数字金融作为金融创新发展的一种新的业态和表现形式，其发展依旧遵循服务实体经济发展和传统金融发展的基本规律。具体而言，金融交易规模的扩大以及金融产业的转型升级会提升金融效率和改善金融结构，更加适应多样化的经济发展需求，从而有利于实现规模经济效益，提升社会经济效率和投资水平。同时，相较于传统的金融服务机构，由于数字金融自身具备提高资源配置效率、降低信息搜集成本及广泛的市场需求和群众基础等优点和特性，因此其更有利于提高金融供给方开展服务的意愿和增强需求方获取信息资源的能力，并有助于缓解信息不对称的问题，由此扩大金融的服务范围和对象，提高金融服务的效率。总之，数字金融所具有的特征和优势恰好能突破"三农"金融服务的瓶颈，进而满足乡村产业融合发展对金融产品快速、大量且多样化的需求，有利于突破传统的信息不充分、交易成本高和服务效率低等金融困境。同时，中国经济经过几十年的快速发展，金融创新也在加快，故也亟须发掘和扩展新的投融资领域，通过结合现代科学技术不断创新金融服务体系机制和产品，以获得盈利性和可持续发展都能兼顾的双赢局面。因此，在数字经济和农业农村现代化快速发展的新时代及"双循环"大背景下，数字金融与乡村产业融合发展的适配性亟需加速提高。

（2）供需动态平衡

随着互联网和信息技术的普及与发展，以及中央和地方层面出台的一系列相关政策，我国数字金融的发展十分迅猛。数字金融与乡村产业融合发展也正朝着良性平衡的方向快速发展。一方面，全球的初级农产品原料生产的局限正朝着突破产前、产中和产后经济部门的隔阂，向水平垂直的两个方向发展，转变为产供销、种养贸工农融合化发展，涉农产业链的发展也在不断延伸。Goldberg（1983）曾预测到2030年，全球的涉农产业产前、产中、产后环节之比为0.48：1：5.46，远高于1970年的0.44：1：3.8这一比例，这也预示着未来农业的发展将在产后过程和产业链延长的环节更为壮大和突出。另一方面，处于创业初期和成长发展期的新型农业经营主体以及农户对数字金融的需求十分迫切和旺盛，其金融需求呈现多层次、多样化和综合性的特征。面对旺盛的乡村产业融合发展需求，在供给端。一方面，党和政府曾多次发文要求金融系统创新服务体系和方式来满足"三农"领域的需求，如《关于金融支持新型农业经营主体发展的意见》（银发〔2021〕133号）就加强信息共享、增强金融承载力、健全金融服务组织体系、推动发展信用贷款、拓宽抵押质押物范围、创新专属金融产品和服务、完善信贷风险监测分担补偿机制、拓宽多元化融资渠道、提升农业保险服务能力、强化政策激励及对做好新型农业经营主体金融服务等方面提出了具体要求。另一方面，中国正快速从农业大国向农业强国转变，农业农村现代化建设日新月异，对于金融机构以及互联网公司而言，其借助信息科学技术和自身的数字化转型升级对"三农"领域的用户进行大数据分析，在风险可控的基础上，提供金融服务和金融产品，既能发挥其社会责任也能实现商业可持续性运行。对自身和数字金融发展来讲，"三农"领域也是一片真正的蓝海。如，研究团队在实地考察中发现，在一些地区例如在湖南浏阳市，宣传人员在各乡镇挨家挨户上门介绍推广数字金融，并且相关的服务手续较传统银行更为简单便利，因此，该市白鹭村实现了整村授信，切实解决了农民融资难问题，为实现乡村振兴战略提供了良好的金融环境。此外，随着科学技术的"长尾效应"逐渐凸显，即通过大幅降低金融服务的成本，将服务领域扩展至更多的中小客户业务，从而发挥数字金融的普惠性和渗透性，数字金融的供给端将吸引到更多的客户群，并且通过其所拥有的数据资源优势，更好地进行自身的风险防控和转型升级，同时数字金融的快速发展对当地的金融生态也起到了"鲇鱼效应"。但是，由于大多数乡村产业融合发展的活动和项目都仅仅处于初创和发展时期，其投入产出比不高，面临的风险大，银行类贷款机构提供的融资产品有限，所以其非常需要更多创新型金融产品，特别是数字金融产品和服务体系来提供金融支撑。笔者在实地调研中也了解到，大部分从事乡村产业融合发展的新型农业经营主体和小农户渴望学习了解新事物，尤其是青年农民群体对数字工具应用的需求较多，对通过手机等移动终端办理保险和信贷等业务有强烈的兴趣。

综上所述，数字金融促进乡村产业融合发展具有供需动态平衡的特征。即在需求端，乡村产业融合发展主要受限于资金约束和市场条件，即缺乏资金支持、没有合适的融资方式和产品，因而其对多层级多渠道的金融产品有着旺盛的需求。在供给端，数字金融的发展有利于降低交易成本，提高金融服务于小微企业和弱势人群的能力，金融机构通过大数据等手段收集信息，更精确地进行风险的甄别，从而降低数据处理成本，提高风险的可控性，提升金融服务农业农村农民的能力和水平，进而有利于突破乡村产业融合发展所面临的融资难、成本高、信息不对称和产品少等难点，实现供需动态平衡和供需双向供给侧改革及效益最大化。

4.1.3　基本条件

（1）市场和数字基础设施

市场对资源配置起着基础性和决定性的作用，金融市场也在不断地自我更迭和完善，数字金融作为金融市场的主体之一，具有信息传递及时性的优点，在一定程度上能降低交易成本，能让金融市场更好地发挥自主性和流动性的功能。因而从系统工程的角度来看，为了使数字金融有较好的发展和推广环境，数字基础设施建设、相关制度保障、金融教育生态体系建设及相应的激励机制和监管保障体系等因素都不可或缺。如，中国信息通信研究院数据显示，截至 2020 年 12 月，中国互联网普及率达 70.4%，城镇地区互联网普及率为 79.8%，较 2020 年 3 月提升 3.3 个百分点，农村地区互联网普及率为 55.9%，较 2020 年 3 月提升 9.7 个百分点，城乡地区互联网普及率差异较 2020 年 3 月缩小 6.4 个百分点，并且农村网民规模为 3.09 亿，占网民整体的 31.3%。2020 年 3 月 4 日，中央政治局常委会继续提出，加快 5G 网络、数据中心等新型基础设施建设进度。新型基础设施建设一般是指以 5G、人工智能、工业互联网、物联网为代表的新基建，其本质是信息数字化的基础设施。因此，基于信息网络、电脑、手机等终端的数字金融服务，能够突破传统金融服务的时空限制。再如，从经济学的视角进行分析，以交通运输、通信设备、水利工程和城市综合设施为主的基础交通设施，一般会对不同区域内的生产要素流动的成本带来影响；考虑到以基础设施、组织体系和竞争条件等为代表的市场完备性，以及搜寻、议价、决策、监管还有违约成本等交易成本因素（Williamson，1975），信息技术的发展和创新使得数字金融的发展有了较好的前期环境和基础条件。

（2）政策、制度和监管

在支持数字金融和金融科技底层技术研发创新的基础上，数字金融的快速健康发展离不开政府对其的开放、鼓励，当然也有合理的监管。具体而言，政策制度能够为各个经济主体间的有效合作创造有利条件并且提供相关的激励机制。例如中国的家庭联产承包制和统分结合的双层经营体制就是良好的证明。从新制度经济学的观点出发，金融的发展在一定程度上也非常依赖相关的制度因素。中共中央办公厅、国务院办公厅在2019年出台的《关于促进小农户和现代农业发展有机衔接的意见》明确指出，要发展多种形式适度规模经营，培育新型农业经营主体，鼓励合作社、龙头企业等新型农业经营主体将小农户纳入现代农业产业体系。大力拓展农业功能，推进农业与旅游、文化、生态等产业深度融合，让小农户得到二三产业增值收益；《中共中央 国务院关于全面推进乡村振兴加快农业农村现代化的意见》提出要坚持为农服务宗旨，持续深化农村金融改革。2021年中国证监会进一步强调，加快推进科技和金融业务的深度融合，聚焦"数据让监管更加智慧"的愿景，全面提升监管科技和金融科技发展水平，大力促进大数据、云计算、区块链、人工智能等创新科技在金融行业的推广应用。此外，产权制度是制度变迁中较为核心的一种类型，现在的农地确权制度能够通过产权安全效应、增加土地流转和交易以及提升作为抵押物的范围从而提升信贷可得性等方式促进乡村产业的融合发展。政府和市场机制的共同调控，更有利于促进乡村产业融合的发展进程。同时，乡村产业融合发展还能进一步带来规模经济和范围经济，形成经济社会发展的良性循环，这些不仅激发了广大农民群众的主动性，还使主要农产品年增长率有了一定的提升。因而良好的政策法律和监管体系在支持金融生态环境上也尤为重要。

（3）组织服务

实现乡村产业兴旺需要各种因素的支撑，马歇尔（Marshall，1879）在劳动、资本和土地传统生产三要素基础上，进一步提出将组织列为一个独立的生产要素，并且认为产业组织有利于形成规模经济。组织在狭义层面上是指人们为了实现一定的目标，通过相互间的协作和结合形成的集体或者团体，广义层面则是指按照一定的方式将不同的要素组合连接而成的系统。传统的农业生产经营大都是以小农户或者家庭经营为主，随着社会制度的不断变迁，英国的家庭农场组织以集约化和规模化的方式促进了农业增效，随后许多国家也通过成立涉农合作社或者企业等乡村产业组织来降低成本和抵抗市场风险。我国从社会主义新农村建设中将"生产发展"摆在开头，再到新时代在乡村振兴战略中将"产业兴旺"置于首位，都凸显了乡村产业发展水平在"三农"工作中的决定作用，尤其是自2018年

《乡村振兴战略规划（2018—2022年）》提出"按照产业兴旺、生态宜居、乡风文明、治理有效、生活富裕的总要求"后，在政策制度层面先后出台了《数字农业农村发展规划（2019—2025年）》的通知（农规发〔2019〕33号）、《全国乡村产业发展规划（2020—2025年）》的通知（农产发〔2020〕4号）等一系列文件，从组织服务方面不断科学地规划，以保障乡村产业兴旺的实现，进一步发挥数字金融对乡村产业融合发展的促进作用。

（4）农业保险、信托等配套措施服务

由于农业的特殊性，乡村产业的发展面临着自然风险和市场风险等多样性风险，故发达国家的金融体系在支持乡村产业融合发展的过程中，保险、信托、农产品期货等金融配套服务措施比较完善。如农业发达国家的信托服务是基于信用的一种法律行为和信用委托方式，即在保障委托人能够获得基本收益的基础上，利用商业模式通过信托贷款和股权发放等方式搭建资金筹建平台。而当前中国"三农"领域的相关创新还处在起步阶段，相关的实践主要限于土地信托等方面，如1993年中国在郑州成立了第一家粮食期货交易所，2000年大豆期货合约在大连商品交易所开始了全天的交易；2019年研究团队在宁夏的"订单农业+保险+期货+融资"试点区实地考察时发现，其利用保险业务协同优势，运用农产品期货、期权等工具对冲玉米价格风险，为新型农业经营主体提供价格风险保障服务，稳定了农产品市场价格波动，确保农民有稳定收益，促进了农村土地规范流转，加快了现代农业发展，有效抵御了市场价格波动风险，解决了农民增产不增收以及重大自然灾害造成的减产减收等问题，进而大大促进了乡村产业及农村经济的可持续发展。自2004年，我国开始了农业政策性保险的试点，且相应的试点较为有效地分散了当地乡村产业融合发展所面临的多重风险。例如，2019年笔者在调研中了解到，河南的保险产品既包含了自然风险，又包含了价格风险，能为农户提供"双保险"。因此，无论是自然灾害等外界原因导致农产品产量、品质下降使农户收入减少，还是农产品市场价格下降导致农户收入减少，农户都可以从保险公司获得相应的赔偿，这种"双保险"的模式有助于提高农户的参保积极性并产生内生动力。另外，自2007年中央财政实施农业保险保费补贴政策以来，我国的农业保险保费规模逐年增加，这也间接说明乡村产业发展的势头强劲。国家统计局数据显示，截至2020年年底，中国农业保险保费收入已达815亿元，其中全国各级财政共承担保费补贴 603 亿元，为农民提供农业风险保障 4.13 万亿元，中央财政补贴资金使用效果放大约 145 倍。

但就现实发展而言，农业保险项目和品种仍无法满足乡村产业融合发展快速增长的保险需求。如，笔者在 2021 年 6 月湖南的调研中与中草药种植的经营大户交流发现，新型农业经营主体中的种植大户，对处于新型冠状病毒感染疫情抗疫期间市场需求旺盛的特殊中草药，如钩藤、夏枯球等的保险需求较大，因为该类药材是加工清热解毒成品药的主要成分。但该类中草药的保险项目和品种当时却甚少，这在一定程度上对经营大户扩大再生产的积极性有所抑制。另外，国家统计局数据显示，2018 年中国农业总产值为 61 452.60 亿元，同比增长 5.84%，2019 年中国农业总产值为 66 066.45 亿元，同比增长 7.51%，农业产值逐年增加。但在 2019 年，中国农作物播种面积 165 930 万公顷，受灾面积 19 257 万公顷，受灾率达到 11.61%。因此，我国亟须加强组织保障并有序规范推进农业保险信托等配套环节的发展（Sherrick et al.，2004；张峭 等，2019）。

4.1.4 核心要素

从农耕文明到工业文明再到数字文明，生产力和生产关系一直处在不断地变化中。现今社会的生产力高速发展，以区块链、物联网、大数据、人工智能、云计算等技术为代表的先进生产力，使得工业时代的生产关系已经不能适应其需要，甚至在某种程度上还与先进生产力之间存在一定的矛盾。故乡村产业融合发展有赖于生产要素的充分和谐发展和合理配置，其中土地、资本、劳动力、企业家才能和数据是核心的要素。特别是由于数据这一新型生产要素的加入，数字金融对传统的生产函数进行了重构，由于技术的变革和科技的发展，数字金融成为金融供给端进行内外部重构的重要表现形式，并成为有效促进乡村产业融合发展的重要支撑力量。

（1）科学技术和数字技术

科技兴则民族兴，科技强则国家强。科学技术的创新是对原有的技术进行改善或是创造再生。具体而言，根据生产要素和生产条件，科学技术的创新能够对传统的生产过程或者产品进行重组，创造形成一种新的生产力（Schumpeter，1934；杨中楷 等，2021），给社会经济发展提供前所未有的物质技术条件，尤其是通信技术的发展为世界提供了难得的数字发展机遇。中国信息通信研究院的《中国数字经济发展白皮书》数据显示，截至 2020 年年底，中国数字经济规模达到 39.2 亿元，占 GDP 的比重为 38.6%，即便是在疫情冲击和全球经济下行的叠加影响下，数字经济的增长速度也达到 9.7%，是同期 GDP 名义增速的 3.2 倍，数字经济已逐步成为构建新发展格局的关键支撑。商务部和国家统计局的数据显示，截至 2020 年，中国互联网用户已快突破 12 亿，移动支付用户达 7.33 亿，这为科学技术赋能乡村产业融合发展奠定了基础。

习近平总书记曾指出："科技是国家强盛之基，创新是民族进步之魂[①]。"这一方面说明，科学和技术的创新发展与社会物质生产密切相关，且两者互为动力和条件，相互渗透和影响；另一方面说明，技术进步和技术发明其实也是一种追求预期收益的经济活动。在《工资理论》（*The Theory of Wages*）中，希克斯（J. R. Hicks）通过分析经济进程中的分配效应，提出了人口增长、工作意愿和资本的增加、技术的创新是推动经济增长主要的力量这一观点，并较早地提出了"诱导性技术进步"的概念，同时也提出了技术创新能增加国民收入，但不一定能同等比例地增加各要素的边际产出的观点。在《农业发展的国际分析》（*Agricultural Development*：*An International Perspective*）中，希克斯-速水拉坦-宾斯旺格假说指出技术进步可以带动农业机械设备的发展，农业机械化会提高劳动生产率；生物化学的技术进步如土壤肥料、育种和植物保护等，能够有效提高单位面积的作物产量，亦提升土地生产率。

（2）数据要素

数据（data）在《现代汉语词典》（第七版）中被定义为"进行各种统计、计算、科学研究或技术设计等所依赖的数值"，在《牛津英语词典》的解释是"被用于形成决策或者发现新知的事实或信息"。因此，数据可以被视为信息的载体，从传统的农业时代到现在的信息科技时代，随着数字经济和数字金融的快速发展，数据的产生和使用，以及数字技术的提升，显著降低了传统金融机构的服务交易成本，尤其是设立线下机构网点的相关地租和人力成本。如，麦肯锡公司针对七个新兴经济体的一项研究得出，使用数字金融会使这七个新兴经济体的 GDP 增长约 6%，在 2035 年其 GDP 将达到 3.7 万亿美元，同时还能节省约 1 000 亿美元的政府公共财政支出，并且通过普及数字金融服务带来的包容性增长服务将会更有利于

---

① 2014 年 6 月习近平总书记在中国科学院第十七次院士大会上的讲话。

营造可持续发展的金融经济生态发展圈（Manyika et al.，2016）。

数据不仅有虚拟性、衍生性和非竞争性等特征，还有强外部性、边际产出递增性等特点，在金融市场中，数据还能够降低信息的摩擦程度，因而具有高使用效率和价值提升优势（Miller and Jones，2010；徐翔 等，2021）。创新是一种新的生产函数建立的过程，即通过在生产体系中引用新的生产要素和组合，创造出新的价值（Schumpeter，1934）。一般而言，在经济学分析中产量 $Q = f(L, K, N, E)$（等式右边变量分别是投入的劳动、资本、土地、企业家才能），传统的柯布—道格拉斯生产函数简化形式是 $Y = A \times K^a \times L^b$。《乡村振兴战略规划（2018—2022 年）》中明确提到："把握城乡发展格局发生重要变化的机遇，培育农业农村新产业新业态，打造农村产业融合发展新载体新模式，推动要素跨界配置和产业有机融合。"2020 年《关于构建更加完善的要素市场化配置体制机制的意见》亦提出："提升社会数据资源价值。培育数字经济新产业、新业态和新模式。"在数字经济新时代，数据同土地、资本、劳动力等都成为了可市场化配置的核心生产要素。当数据作为新的生产要素参与生产和分配后，生产要素组合就发生了突破性的变化，即通过要素禀赋结构的升级，在传统生产函数模型的基础上，数字经济与实体产业融合发展的新生产函数可以简化为 $newY = A \times K^a \times L^b \times T^c \times D^d$（其中 T 为技术进步，D 为数据）。新的生产要素将带来新的生产方式、重构资源配置系统，这能够降低信息不对称程度，降低交易成本，优化要素流动通道，还能通过系统性持续的数据提升风险控制效率，进而提高生产效率，提升经济增长质量，更好地优化要素间的资源配置，从而提升数字金融对乡村产业融合发展的支持作用。与此同时，健康可持续的金融服务体系生态圈将有利于破解传统信息不对称、风险调控较为复杂等涉农金融供给方的部分困境，进而逐步实现供需动态平衡。

（3）自然资源和人力资本

土地和劳动力是传统的生产要素，也是乡村产业融合发展必不可少的核心要素。土地是农作物吸收营养和生长发育主要的供应者和调节者，具有生产、仓储、景观和保值增值等多项功能，并且会影响农产品的质量和产量。劳动力在各生产要素中是最活跃的要素。广义层面的劳动力包括全部人口；狭义层面的劳动力主要指具有劳动能力和处于劳动年龄的人口。经济学领域界定的劳动力一般是指人的劳动能力，是人的体力与脑力加总所发挥的作用，农业劳动力一般是指参加农业劳动的劳动力数量和质量。土地、资本需要通过劳动力才能激活与运转。

但是土地面积有限、位置固定的特性也决定了其的不可再生性和区域生产能力差异性。故从其经济特性来看，土地供给的稀缺性以及土地报酬递减的可能性要求生产者更加合理地利用土地资源，并且在不破坏其生态的基础上，提高土地的利用率和附加值收益。随着经济结构的调整和产业的转型升级，劳动力供求结构性矛盾也在变化。在乡村地区，以前大部分劳动力外流到城市中。由于农业生产的季节性、分散性和地域性及农业劳动内容的多样性等特征，尤其是随着乡村产业融合发展的推进，乡村产业融合发展对农业劳动力的质量提出了更高的要求。乡村产业融合发展同时也会受到劳动力转移成本、劳动力素质高低以及劳动力组织程度和规范化程度的影响。

（4）金融产品和服务创新

数字金融产品和服务的创新和发展，不仅优化了传统金融机构的产品和服务，而且利用数字技术进一步缓解了传统金融面临的信息不充分、不对称的瓶颈，并通过数字信息进行精准挖掘，增加信贷供给，实现信贷供给和需求的精准配置。近年来，传统金融机构积极开展金融管理服务、贷款服务、财务规划制定服务、产业链整体包装服务、融资计划设计等多项金融咨询和经营辅导服务，有效对接不同主体、不同行业、不同规模和不同期限的金融需求，满足市场多元化需求；与此同时，大型金融机构在业务拓展、运作模式和风险控制等方面利用数字金融创新，逐步打破各主体信息分割格局，实现数据间的直连对接和共享使用，在一定程度上缓解了金融市场主体之间信息不对称的问题。此外，各方合力面向乡土社会的金融创新促进了供需双方的协同成长，拓展了金融产品和服务手段，提高了防范、抵御和化解金融风险的能力，促进了农村金融的适度有序竞争，从而使农村金融服务体系的创新能更好地适应乡村振兴的现实需要。

随着金融产品与服务创新能力的提升，在乡村产业融合发展的过程中，金融科技与本地产业引入的新品种、新工艺和新技术等相结合，通过新资源的开发利用和组织结构的创新等方式，不断优化相应市场的创新，进而实现生产要素间的重组和完善，更好地发挥农业的多功能性，优化经济、社会和生态多种效益，实现了金融产品与服务的多样化与实用化。

4.2 数字金融促进乡村产业融合发展的实现机理

随着数字经济的发展，市场竞争环境的变化和相应的创新激励的不断增加，在数字金融的发展更迭过程中，各地逐渐形成了不同金融产品和机构间的合作互补方式，并且受益于中国良好的制度和发展环境，与数字金融相关的新产品、新服务和新业态等迅速兴起，使数字金融与乡村产业融合发展间形成了更高的适配性和更高水平的供需动态平衡，有助于促进乡村产业融合发展的实现。

4.2.1 数字金融增加乡村产业融合发展资金需求的可获得性

数字金融和数字技术对传统金融的赋能，为实现包容性金融发展提供了更多元的解决方案（黄益平和黄卓，2018；江小涓，2018）。当前，"三农"领域贷款融资难、贵、慢等问题仍未解决；金融资源外流情况依旧存在；因金融产品较少而无法满足农民和涉农经营主体对金融服务需求多样化矛盾仍然突出。因而我们需要进一步创新完善农村金融服务体系，以适应农村多层次的金融需求，并利用数字化的金融服务对现有金融组织进行功能完善和互补。数字金融能通过远程数据传输功能，利用数字生态场景和电商平台等社交软件的数据进行辅助分析和信用评估，降低金融机构获取客户与风险控制的成本。数字金融具有普惠性的优点，有利于扩宽金融服务的边界，提升金融服务的可得性；有利于促进金融服务类型的多样化发展；尤其对于"三农"领域而言，数字金融的各种信息技术应用，能够减少走村入户收集信息的人员数量，降低人工成本、物理成本、维护成本，减少了线下物理网点的设立刚需；大幅降低了信息处理成本，提升了乡村产业融合发展和新型农业经营主体及农户资金需求的可获得性。

总之，数字金融能通过大数据等信息渠道进行多网点互联互通，对客户的需求进行细分和采集，进而提供更有针对性的金融服务，提升乡村产业融合发展和新型农业经营主体及农户资金需求的可获得性，有利于满足乡村产业融合发展多层次的融资需求。同时，通过数字金融产生的借贷行为和相应数据，也有利于后续进行大数据分析，形成激励机制和失信约束，进一步优化数字金融系统的风险控制能力，在增加资金需求方资金可获得性的同时，维持金融自身的商业可持续性发展。数字金融的快速发展也会激发更多金融服务模式和服务方式的创新。因此，数字金融发展所带来的"信息流"以及"数据"这种新型生产要素有利于突破传统金融服务的时空限制，能有效降低信息的收集和交易成本，并通过去中心化和多元化的服务方式进一步融通信息链，进而降低其所面临的成本和风险不确定性，为乡村产业兴旺和乡村振兴提供强有力的金融支撑。

4.2.2 数字金融提升乡村产业融合发展供需双方的匹配效率

随着信息技术的进步，数字金融能通过颠覆资源利用方式和商业传统模式，打破以往产业间的边界，进一步降低市场的交易成本，促进实体经济的发展，并推动经济效率的提升，有助于加快培育新动能，推动经济实现高质量发展。有研究证明，数字金融的发展有利于优化资源配置，从而有效提升金融资源的配置效率，并优化各个金融子系统的协作条件，降低信息不对称程度（马化腾，2017），有利于补充传统金融机构服务的空白之处。具体而言，数字金融的发展演化的内在逻辑是"服务需求→金融创新（组织创新、技术创新、渠道创新等方面）→服务供给"，由于其自身具备提高资源配置效率、降低信息搜集成本及获取广泛的市场需求等特性，相较于传统的金融服务机构更有利于提高金融供给方开展服务的意愿和增强需求方获取信息资源的能力，由此提高金融服务的效率，缓解信息不对称的问题。

长期以来，在"三农"领域，由于客户群体所处的地理位置很分散，传统金融服务机构交易成本高、风险控制难等原因，因此农村人均银行网点数低、覆盖率低。从事乡村产业融合发展的大多数新型经营主体，因其对金融需求的短频快和多样性特征，故其融资难、贵、慢等问题仍未解决。另外，农村金融体系改革推进较慢，农村金融服务功能尚未得到有效发挥。如，虽然农村金融的改革从建设政策性、商业性和合作性金融"三足鼎立"的农村金融体系，到农村信用合作社商业化改造和新型农村金融机构建立发展阶段，再到农村金融制度创新的深化改革阶段，帮助农村金融降低了部分交易成本，实现农村金融的可持续运作，并且已经取得了一定的进展（熊德平 等，2009；黄少安，2018；黄益平 等，2018；温涛和王煜宇，2018），但是农村金融服务功能尚未得到有效发挥，并且产生了部分新的组织成本；各类金融机构在业务上未能形成互补合作机制等问题尚未得到解决，即金融供需匹配效率未能满足快速发展的数字经济及乡村产业融合发展的需要。因此，我们需要进一步完善农村金融服务体系，加快金融的数字化转化升级，以适应现阶段乡村产业融合发展多样化和多层次的金融需求；同时，充分发挥数字金融所具有的较强渗透性、普惠性和较低的成本性等优势，不断提升数字金融与乡村产业融合发展供需双方资金借贷的匹配效率，打通农村金融服务的"最后一公里"，进而为提升农村金融体系改革和乡村产业融合发展注入源源不断的动力。

4.2.3　数字金融形成乡村产业融合发展的动力源泉

乡村产业融合发展可以看作第一二三产业的融合发展，也可以看作乡村产业链的延伸。产业链主要包含价值链、企业链和供需链。产业链是各个产业部门之间基于一定的技术经济关联，并依据特定的逻辑关系和时空布局关系客观形成的链条式关联关系形态。随着产业链的延伸和发展，相关从业主体的资金需求更加旺盛，乡村产业融合发展需要更多的投资及大规模资金的快速到位。要素配置的激励是乡村产业融合发展的客观要求，数字金融通过发挥其时效性和便捷性等优势，恰好有能力形成乡村产业融合发展的动力源泉，进而激励从业主体，特别是新型农业经营主体从事乡村产业融合发展。

当前，数字金融的产品和形态大致可以分成科技为主和金融为主两大类。前一类更加注重科技的创新，即金融仅仅是数字科技复合场景中的一个部分；以科技为主的数字金融能利用实时共享信息的方式，创建出良性的数字金融生态圈。后一类更加关注金融的属性，强调用科技手段赋能传统金融机构和产品的发展和转型，即通过与大数据、互联网、区块链等技术的结合，不断降低相应的交易成本和信息成本，提高金融的可得性，不断拓宽金融的服务范围，加深金融的服务深度，提高资金配置效率，带动整个金融生态系统进一步向中心化、及时便捷性和普惠包容性的方式转型。这两类都能形成促进乡村产业融合发展的激励效应。

具体而言，一方面，互联网的普遍性和跨时空性等特征，能够更好地降低金融服务门槛，提供多层级、多样化的融资服务，也能更优地匹配供需双方，降低交易成本和期限匹配成本；此外根据"梅特卡夫法则"和"长尾理论"（Stirling，2003；Brynjolfsson et al.，2006），当使用数字金融产品和服务的人逐渐增多时，增加的用户数量也会为数字金融产品的创新带来新的激励作用。即，在外部环境方面，无论是互联网的普及还是数字乡村建设的推进，都为数字金融在"三农"领域的发展提供了良好的激励和动力条件。《中国互联网发展报告》数据显示，截至 2020 年年底，中国的农村网民规模达 3.09 亿，占网民整体的 31.3%，农村地区互联网普及率为 55.9%；此外，中国的电子商务交易规模为 34.81 万亿元，网络支付交易总额为 249.88 万亿元，电商发展和移动支付普及率都位于世界领先水平；数字金融支持乡村产业融合发展的技术条件和整体环境愈发成熟。故《关于金融支持新型农业经营主体发展的意见》（银发〔2021〕133 号）提出："亟需加快发展面向新型农业经营主体的金融服务，创新专属金融产品，进一步提升金融服务的可得性、覆盖面、便利度，推动农村一二三产业融合发展，提高农业质量效益和竞争力，为加快形成以国内大循环为主体、国内国际双循环相互促进的新发展格局提供更强有力的支撑"。另一方面，用户的反馈和意见还能进一步优化和改善数字金融服务和功能，给整个数字金融生态圈带来良性的循环，增强供给双方的效用和动能；同时利用数字金融发展的外部性特征，能更好地服务于有需求的人，形成良性的激励和正反馈方式，进而促进数字金融与乡村产业融合发展的双向撬动协同发展，这也激励着数字金融服务体系和传统金融服务体系的有效结合；与此同时，数字金融的便利性也激励着乡村产业融合发展的从业主体等金融用户群体尝试数字金融这一新事物。

总之，从激励与约束角度看，现阶段我们需要促进科技创新、基础设施建设、金融支持、人才引领和政策扶持等各方面的协调一致，进一步形成数字金融促进乡村产业融合发展的动力源泉和激励效应。

4.2.4　数字金融提升金融服务效率助推乡村产业融合发展

金融发展的重要目的之一就是为客户的金融需求提供有效的解决方案或者开发创新出新的产品。一方面，在某种意义上我们可以把金融看作是一种特殊的产业，有着独特的市场机制和高度的风险性，并且能够经营多样化金融商品以及金融服务（冉光和，2004）。数字金融的本质仍然是金融，只是其更依赖于信息技术和数据要素，即利用信息技术快速和大量地获取各种数据、分析和处理大规模的数据体量，并依靠互联网传输系统和云计算等，提高数据和信息的透明性和可靠性，更好地解决传统的信息不对称等问题，提高供给方的风险甄别和防控能力，同时进一步降低数据处理成本，提升服务效率。另一方面，数字金融的服务较传统金融机构供给范围更宽，效率更高，能按照市场供求规律配置资源，并通过降低信息不对称程度使要素配置的和流动更加有效和合理化，优化资本要素在支持乡村产业融合发展的作用，充分发挥金融的资源调配机制。同时，数字作为一种先导要素，能够引进现代科技管理等进入乡村，激活和助力乡村现代治理能力提升，有利于完善乡村产业融合发展所需的要素匹配，进而促进乡村产业融合发展和转型升级。另外，数字金融还能增加金融体系内部的竞争性供给，尤其是带动创新性金融服务的供给，推进金融服务的供给侧结构性变革，激发包容性金融的可持续发展。

基于多部门内生增长模型和修正后的 AK 模型，王兰平等（2020）实证研究发现金融发展能够促进产业的结构转型升级。金融在空间维度上能够促进资源的有效配置，在时间维度上能解决跨期不确定性。因此，数字金融为经济落后地区实现经济赶超提供了可能。一是数字金融的出现，加强了金融产品和服务的有效分配，缩短了金融机构与目标客户之间的距离，促使原本被排斥在正规金融体系之外的群体能够以较低的成本相对容易地获取金融服务，并且越来越多的原有客户使用手机银行和网上银行等新兴业务替代传统银行业务，金融服务的可得性大幅提高。理论推导发现，数字金融有利于降低信息不对称程度，降低融资成本和难度，弱化传统的金融排斥现象，从而提升农村金融服务的效率。二是数字金融的发展不仅可以提升跨时间、跨空间的资源使用效率和综合收益，还有助于降低农户融资门槛（免抵押物）；数字金融中的网络借贷依托网络技术实现借贷双方的供需匹配及资金交换，能有效突破地域限制，扩充农村资金来源，扩大信贷覆盖面，从而解决农村产业发展主体的信贷约束，解决农村"融资难、贵"的问题；同时，数字金融所具有的第三方支付优化了传统金融的融资和支付功能，甚至可以说是一种颠覆性的创新功能，即通过触及"长尾客户"亦即传统金融难以顾及甚至受到传统金融排斥的一些客户群体，使金融发展更具包容性和普惠性，延伸了金融的服务链条，形成了传统金融数字化和多元化的转型，能反向提升金融机构自身的运营效率。三是数字金融产品和服务的普及使财富的获得机会更加平等，能直接提高金融服务的可得性，降低金融交易的成本，还能间接缓解信贷约束、降低乡村产业融合发展经营主体融资的门槛。数字金融是实现低成本、广覆盖和可持续的包容性金融的重要模式，也是支持实体产业融合发展的重要支撑（康春鹏，2018；郭峰 等，2019；温涛和陈一明，2020）。

4.3　数字金融促进乡村产业融合发展效应的理论假说

乡村产业融合发展是乡村振兴的芯片，数字金融是促进乡村产业融合发展的催化剂。具体而言，首先，数字金融门槛低、效率高，是包容性发展的重要组成部分，能进一步优化金融结构，通过提升要素投入和供给流动资金影响产业发展的资源配置能力，促进产业提质增效（Bachas et al.，2018），并且利用长尾效应缓解融资难的困境，在一定程度上有利于缓解传统金融的"嫌贫爱富"和金融排斥等现象（王馨，2015；Gomber et al.，2018）。数字金融的发展能进一步优化完善金融市场，降低信息搜寻成本，有利于促进金融服务体系的健康可持续发展。此外，金融的创新、市场化发展具有显著的正向空间集聚效应和一定的外溢效应，从而为相对弱势的人群、产业和地区带来有益的金融支持（吴国华，2013；康继军 等，2014；李琪 等，2019；梁榜和张建华，2020）。其次，数字金融让金融服务更加便利和实用，具体而言，农村地区互联网、手机银行、支付宝、微信等数字金融服务渠道的普及率的提高，能够有效提高相应的数字金融服务可得性（齐红倩和李志创，2019）。利用信息技术和互联网的泛在性、时效性和包容性等特征，数字金融发展的业态范围越来越广，其不仅包括最初的信贷服务可得性的增强，而且通过信息技术和金融服务的融合，抵押、担保、保险等多样化的服务特征也越来越明显，尤其是通过移动支付和信用免押等的交易更为便捷，能更好地满足不同层级的融资需求。最后，数字支付功能的发展正加速扩大金融服务的覆盖广度和影响深度，数字金融覆盖面广的优势能克服地理障碍，打破传统金融约束的障碍边界，有利于对金融资源进行优化配置，缓解融资约束。此外，信息技术、金融系统和要素市场的协同发展能更好地提高金融效率，提升金融服务、金融资源的可获得性。

但长期以来，由于过高的交易成本和信息不对称，传统金融系统对风险较高、周期较长且收益不确定的农业有一定的排斥，这也是乡村产业发展所面临的障碍。由于空间的物理距离排斥性，需求方接近金融资源的排斥性，以及自我排斥性（缺乏金融能力或者意愿）等，社会中一部分群体被传统的主流金融机构服务所限制和排斥。从金融地理学的视角分析，金融排斥的主要原因在于地理环境的差异（Leyshon and Thrift，1995），其导致金融供给和需求双方无法实现有效率的对接。但随着与金融活动和工具的创新升级和变化，有学者从约束诱导、规避性和交易费用等方面提出了金融创新的相关理论，并将金融创新的原因归纳为技术创新的结果；认为以数字金融为主的金融创新具有高渗透性和外部经济性，能够解决信息不对称产生的问题、弥补市场的不完美、降低交易营销成本，还能应对全球化带来的风险（Rajan and Zingales，1999；Laeven and Levine，2015；Guo et al.，2016；王国刚，2018；郭峰 等，2020）。因此，数字金融的发展有利于解决"三农"领域长期存在的融资约束问题，打通农村金融服务的"最后一公里"。数字金融促进乡村产业融合发展的理论框架图见图4.1。

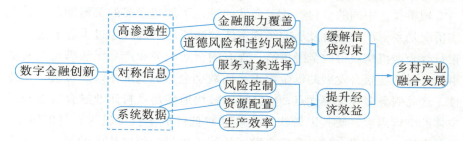

图 4.1　数字金融促进乡村产业融合发展的理论框架

基于上述分析，本章提出如下研究理论假说：

研究假说 1：数字金融的发展能带动周边地区的金融深化和集聚，并利用其空间溢出效应扩宽金融服务的边界，满足乡村产业发展多层次的融资需求，进而促进乡村产业融合发展。

研究假说 2：数字金融能增加金融资源和服务的可获得性，尤其有利于降低资金需求旺盛的新型农业经营主体的融资成本和难度，进而对其从事乡村产业融合发展形成正向促进效应。

研究假说 3：数字金融有利于突破时空限制，弱化传统的金融排斥现象，并作为先导要素吸引更多要素投入到欠发达地区，完善乡村产业融合发展所需的要素匹配，进而促进乡村产业融合发展。

4.4　本章小结

金融的发展需要依靠实体经济和产业的发展，乡村产业融合发展是实体产业发展的一部分，乡村产业融合发展需要金融的大力支持。农业的特性是各农产品生长发育周期不一致，受季节性波动等自然因素的影响较大，且生产投资回报率较低，规模化和产业化经营不足。同时，传统金融支持乡村产业融合发展的金融产品单一，农业保险和担保体系不健全，涉农金融市场和服务的作用未能有效发挥等，导致了长期以来"三农"领域的"融资难、融资慢"的瓶颈一直未能得到有效突破。所以原有农村金融服务体系迫切需要进行创新改革和转型升级。

现阶段，中国的乡村产业融合发展进入了加速发展的关键期，但是现实情况是乡村产业融合发展的经营主体的融资需求远远超过了能通过传统银行等金融机构获得的金融供给，现有的金融服务和产品无法满足其所从事的乡村产业融合发展的资金需求。而数字金融的低成本、广覆盖、便捷性、产品服务多样化等优点，恰好可以较快地满足乡村产业融合发展经营主体的融资需求，使其以较快的速度和较低的成本获得较为充足的资金，从而有能力去完成乡村产业融合发展的相关项目。值得注意的是，数字金融是金融发展的一种创新形态，是对传统金融体系的补充和优化，而非完全的替代。从数字金融影响乡村产业融合发展的作用机理看，数字金融有利于降低交易成本，降低信息不对称程度，缓解传统的信贷约束和金融排斥，提升金融服务效率，但这也依赖于政府的制度规则和市场的引导。各地可以利用产业联动、技术渗透和创新体制机制的方式，实现乡村产业功能的转型升级，提升乡村产业融合发展的效率。在通过数字金融促进乡村产业融合发展的过程中，相关的制度政策支持保障，相应的数字化基础设施建设，还有与信贷在同一金融生态体系中的保险、抵押、担保等多样化产品的使用等都是基本条件和保障。

传统的土地要素和自然资源是乡村产业融合发展不可或缺的生产要素，科学技术则是第一生产力，同时也能促进生产关系的发展，而新型生产要素——数据更是成为数字金融促进乡村产业融合发展的核心关键之一。新型经营主体和农户是从事乡村产业融合发展的主体，因而人力资本的培育和提升也是必不可少的环节。

　　总之，数字金融是金融创新发展的一种新形态和新模式，其有利于提升乡村产业融合发展资金需求的可获得性，能提升乡村产业融合发展供需双方的匹配效率，形成乡村产业融合发展的动力源泉，进而提升农村金融服务效率，助推乡村产业融合发展。乡村产业融合发展是一个极具复杂性并需要不断调整的过程。数字技术在传统金融领域的运用有助于解决信息不充分，获取"三农"领域的用户成本较高和交易服务效率低等问题。基于数字信息的精准挖掘，有助于实现信贷供给和需求有效配置，但乡村产业融合发展不仅需要金融机构和相关服务供应方的参与，而且需要相应的基建配套和公共服务的支持，以及社会环境的包容、市场规模的优化和相应制度法律的保障。所以我们在加强激励机制建设的同时，还需要同步完善建立相关的约束激励建设。只有通过激励与约束的共同作用，才能形成更好的良性循环发展。

第 5 章 数字金融对乡村产业融合发展的宏观效应

本章在前述章节初步构建出的数字金融与乡村产业融合发展关系特征和影响逻辑的基础上，将进一步使用具有权威性的中国大陆地区各省（自治区、直辖市）① 的数据对研究假说 1 进行实证分析及稳健性检验。本章将构建现阶段较为适用的乡村产业融合发展水平指标体系，对乡村产业融合发展水平进行测度，并对其进行量化分析和区域差异比较；对数字金融对乡村产业融合发展的宏观效应进行深入解析，对空间溢出效应进行探寻和验证；通过更换指标测度方法和空间权重矩阵及增添控制变量等方法进行稳健性检验。

5.1 乡村产业融合发展的指标体系构建

5.1.1 指标体系构建原则

从理论的角度进行分析，乡村产业融合发展是一个多维度的概念。因此，构建一套科学、准确且符合时代发展趋势的度量指标体系十分重要。依据指标体系的构建原则和方法，即系统性、典型性、动态性、简明科学性、可比性和综合性等，本研究在构建乡村产业融合发展指标体系时，主要基于以下方面的考虑：

一方面，参考政策文件提出的目标和计划构建指标体系。如在 2015 年 4 月，习近平总书记在中共中央政治局第二十二次集体学习时强调，要加

---

① 除西藏、台湾、澳门特别行政区和香港特别行政区以外的中国大陆地区 30 个省、自治区和直辖市数据。

快建立现代农业产业体系，延伸农业产业链、价值链，促进一二三产业交叉融合；随即国务院办公厅《关于推进农村一二三产业融合发展的指导意见（国办发〔2015〕93号）》，并在其中对一二三产业融合的主要目标、融合方式、融合主体、融合机制和融合服务等方面进行了具体说明；2017年12月，农业部办公厅发布了《农业部办公厅关于支持创建农村一二三产业融合发展先导区的意见》，用于支持各地培育一二三产业融合发展先导区，从而更好地构建现代农业生产体系、产业体系和经营体系；《国家乡村振兴战略规划（2018—2022年）》中第五章"发展目标"提出"到2022年，农村一二三产业融合发展格局初步形成，乡村产业加快发展。探索形成一批各具特色的乡村振兴模式和经验"（如表5.1所示）。《2020年乡村产业工作要点（农办产〔2020〕1号）》明确规定要"务实推进业态融合。跨界配置农业与现代产业要素深度交叉融合，形成'农业+'多业态发展态势"。《全国乡村产业发展规划（2020—2025年）》（农产发〔2020〕4号）要求"以一二三产业融合发展为路径，发掘乡村功能价值，强化创新引领，突出集群成链，延长产业链，提升价值链，培育发展新动能，聚焦重点产业，聚集资源要素，大力发展乡村产业，为农业农村现代化和乡村全面振兴奠定坚实基础"。笔者将其作为构建本研究测度乡村产业融合发展的基础型指标。

表5.1　乡村振兴战略规划产业兴旺主要指标

序号	主要指标	单位	2016年基期值	2022年目标值	2022年比2016年增加（累计提高百分点）	属性
1	粮食综合生产能力	亿吨	>6	>6	—	约束性
2	农业科技进步贡献率	%	56.7	61.5	{4, 8}	预期性
3	农业劳动生产率	万元/人	3.1	5.5	2.4	预期性
4	农产品加工值与农业总产值比	—	2.2	2.5	0.3	预期性
5	休闲农业和乡村旅游接待人次	亿人次	21	32	11	预期性

资料来源：摘录自《乡村振兴战略规划（2018—2022年）》。

另一方面，借鉴已有文献使用过的指标构建指标体系，并依据现有数据的可获得性和严谨性构建指标体系。姜峥（2018）使用水稻、玉米等粮食作物的三产融合率，特色农产品的加工深度和增值幅度，农业经济、旅游、生态和文化的多功能拓展程度，融合主体的利益联结程度和农业服务业的发达程度来对农村产业融合发展水平进行了量化分析。张林和温涛（2019）通过构建 12 个农村产业融合发展的二级指标，并用熵值法对农村产业融合发展进行分析，发现全国农村产业融合发展呈现"西高东低"的区域特征，并且 13 个粮食主产区的综合发展水平不及全国的平均水平。还有学者从农业产业链延伸、农业多功能性发挥、农业服务业融合和产业融合主体发展等方面测度农村产业融合发展。总体而言，已有文献中的乡村产业融合发展可以分为以下几个方面：农业多功能性的延展；新型城镇化的推进；乡村产业多功能的扩展；乡村产业新业态的培育；乡村产业的集聚发展；利益联结机制的完善等（谭明交，2016；赵霞 等，2017；陈学云和程长明，2018；周立 等，2018；李晓龙和冉光和，2019；张林 等，2020）。现有的文献为本研究提供了进一步研究的理论基础，随着乡村产业融合发展的不断推进，构建出更科学合理的评价指标体系尤为重要。

5.1.2 指标的选择与说明

乡村产业融合发展是本研究的被解释变量，基于本研究前述章节的理论基础和已有文献的指标我们发现，构建乡村产业融合发展指标体系主要包括功能链扩展、产业链延长、价值链提升、服务链拓展等多个维度（谭明交，2016；姜峥，2018；李晓龙和冉光和，2019；张林 等，2019；申云 等，2020；张岳和周应恒，2021）。为了能更简洁、准确地对现阶段的乡村产业融合发展进行识别和量化，本章在结合上述指标构建原则和分析的基础上，重点参考近年文献中相应的二级指标选取（李晓龙和冉光和，2019；张林和温涛，2019；张岳和周应恒，2021），以及相应政策文本，选取了能代表乡村产业融合发展的二级指标和代理变量，即：单位面积农业增加值（WNYZJZ，万元/公顷），第一产业增加值占本地 GDP 比重（按照可比价计算，KBYCGDP），每万人拥有农民专业合作社数量（PCOP，家），休闲农业营业收入（LXXNY，万元）和人均农副产品加工业总产值（PJG）。

具体而言：一是单位面积农业增加值（万元/公顷）。土地是人类社会生产中重要的自然资源、生产资料和农业劳动的对象，也是人类进行生产活动所必备的物质条件和自然基础。从经济学的角度分析，农业不同于其他部门，土地在农业部门中是极为重要的生产要素，并且就现实性而言，单位面积农业增加值这一指标能更好地衡量农业的土地产出率。因为土地的面积可以看作是固定不变的，但同一单位土地所创造出的价值和效能的发挥却是可变的。乡村产业融合发展的重点要求之一仍旧在于农业增产，只有农业增产才能带来农民增收和生活富裕。

二是第一产业增加值占本地 GDP 比重（按照可比价计算）。乡村产业融合发展的主业和基础是农业发展和粮食安全。在乡村产业融合发展的进程中，无论第一产业与第二三产业融合后产生提质增效的效果有多明显，第一产业增加值仍然是不可或缺的重要指标。

三是每万人拥有的农民专业合作社数量（PCOP）。乡村产业融合发展的过程中，产业融合主体培育也是不可或缺的一环。农民合作社的成员是有特定劳动形式和合作并且追求更高层次的经济和社会化目的地联合的；农民合作社里的合作分工不仅能降低成本，实现规模经济，还能增强整体的定价、议价和游说能力并提高农产品交易的确定性。各地通过农民专业合作社更容易形成稳定的利益联结机制，从而更有助于乡村产业的融合发展，并较为合理地保障社员获得合理的产业链增值收益。

四是休闲农业营业收入（LXXNY）。观光旅游、文化创意、休闲康养等第三产业与乡村产业的深度融合有利于拓展乡村产业多功能性发挥。这也是形成丰富产业业态和拓展产业功能的表现形式之一，进而促进新产业融合发展。

五是人均农副产品加工业总产值（PJG）。农产品加工业是乡村产业融合的重要一环，也是供产销环节的关键节点。产业链条完整的外在表现形式之一就是能够将生产加工和销售有效连接起来，搭建较为完善的乡村产业发展平台，即将乡村产业的生产和加工乃至销售环节有机地链接起来。该指标代表农业产业链条的延伸和扩展。

这五个代理变量能够较为直观且符合并遵循了前瞻指导性、操作可行性、科学实用性和动态系统性等原则，并基本能展现目前中国乡村产业融合发展的程度。

5.1.3　测度结果和区域分析

本章采取的数据主要来自于《中国工商行政管理年鉴》《中国金融年鉴》《中国农业年鉴》《中国农产品加工业年鉴》《中国农产品加工业发展

报告》《中国休闲农业年鉴》《中国工商行政管理年鉴》、中国国家统计局的统计数据、市场主体发展报告、工商行政管理局的统计数据、各省统计年鉴以及各地区相关年份的统计年鉴和 WIND 数据库、EPS 数据库、中经网数据库等。由于本研究范围内大多数变量无西藏的数据，并且剔除西藏地区对本研究的影响较小，故后续实证研究基于中国大陆地区 30 个省（直辖市、自治区）的相关数据进行分析，其余省份部分缺失的数据通过查找缺失数据省市相关网站进行整理，并用差值法和平滑法补齐。为了使研究变量的量纲级别统一，本研究对相关变量进行处理。对各指标进行无量纲化处理后的各个变量的描述性统计如表 5.2 所示。

表 5.2　乡村产业融合发展的度量变量和描述性统计

变量名	含义	平均值	标准差	最小值	最大值
WNYZJZ	单位面积农业增加值	1.445	1.014	0.034	4.951
KBYC GDP	第一产业增加值占本地 GDP 比重（按可比价计算）	7.526	4.218	0.230	24.010
PCOP	每万人拥有农民专业合作社数量	25.003	16.875	2.862	91.534
LXXNY	休闲农业经营收入	13.598	1.210	10.766	17.297
PJG	人均农副产品加工业总产值	1.059	0.856	0.031	3.685

资料来源：各省市统计年鉴和国家统计局数据。

对于指标体系的测度方法，以往文献中的量化方式为本研究提供了较好的借鉴，常见的指标评价体系和水平测度方法主要有产值贡献度法，投入产出法，主成分分析法，熵值法，BP 神经网络法和层次分析法等（李芸 等，2017；曹祎遐 等，2018；陈学云，2018；张挺 等，2018；车四方，2019）。根据本研究的目标和逻辑进行分析，我们最终选用主成分分析法作为本研究宏观效应分析的基准测度方法。其原因在于主成分分析法是将多个指标简化为综合指标的统计分析方法。在主成分分析法中的某段时间期限内，某个指标变换得越多，相应的权重就越大，这刚好符合本研究对乡村产业融合发展的概念界定，乡村产业融合发展本就是动态变化的过程。因此选用该测度方法，一是有利于后续分析区域间的变化；二是该方法能利用降低协变量维度的方式，使提取生成的主成分能反映原始变量的大部分信息，从而不仅在技术层面消除指标之间的相关影响，而且通过贡献率确定的各级指标权重能克服一些评价方法中的主观性和随意性，进而在综合评价函数中更为合理客观。

本研究对于被解释变量的测度过程如下：首先，对已选取的代表乡村产业融合发展的各指标进行标准化处理以及荷载矩阵旋转①；其次，查询每个主成分指标的特征值、贡献率等重要信息，相应结果显示生成的综合主成分指标较好地集中了原始变量特征值，并达到降维和保留原始变量较多的目的。因此，后续分析选择使用提取出的综合主成分指标作为乡村产业融合发展的代理变量是合理的。

为了进一步分析各省市的乡村产业融合发展情况，本研究对 2011—2018 年全国各省（自治区、直辖市）的乡村产业融合发展进行排序，并对数值结果进行展示和分析（如表 5.3 和表 5.4 所示）。表 5.3 和表 5.4 的结果显示，2011—2018 年，大部分属于中国粮食主产区的省份，如山东、江苏、河南、安徽、湖北、四川等，其乡村产业融合发展水平成效显著，且基本一直位居全国前列；位于东北地区的省份，如吉林、辽宁、黑龙江等地，基本是农业大省，其乡村产业融合的发展水平处于各省排名的中间段位置；而北京、上海等一线城市，其城市化水平较高，并不是主要依靠农业发展，故在本研究的测度当中，其乡村产业融合发展水平的排名较为靠后；青海、甘肃、宁夏回族自治区等地区，耕地较少，农业较为落后，其农产品电商物流发展水平较为滞后。并且根据数据回溯发现，截至 2018 年年底，这几个地区的农产品加工业和休闲观光乡村旅游的发展相对较弱，导致在本研究测度范围中其乡村产业融合发展排名较为靠后，但这几个地区地大物博，乡村产业融合发展有很大的潜力，若能进一步通过相应的机制创新促进发展，将能更好地促进乡村产业融合发展，带动农民增收，实现"三农"的高效可持续发展。

表 5.3　2011—2014 年各省（自治区、直辖市）乡村产业融合发展水平及其排名

地区	2011 年	排名	2012 年	排名	2013 年	排名	2014 年	排名
北京	49.839	7	51.824	7	53.773	7	54.040	9
天津	66.315	1	68.727	1	73.128	3	77.646	2

---

① 使用 R 软件利用 summary 函数和 loading 函数，并利用根据函数 princomp 进行分析。

表5.3(续)

地区	2011 年	排名	2012 年	排名	2013 年	排名	2014 年	排名
河北	38.009	9	39.293	13	42.261	15	40.579	20
山西	37.382	10	38.985	14	40.775	17	41.509	18
内蒙古	30.326	19	35.742	17	44.996	12	55.081	7
辽宁	55.727	4	63.275	4	69.698	4	72.227	4
吉林	50.043	6	54.837	6	59.502	5	61.143	5
黑龙江	29.527	20	33.677	20	38.938	19	49.704	14
上海	54.410	5	56.458	5	58.131	6	58.301	6
江苏	60.497	2	66.604	3	73.466	2	77.392	3
浙江	41.420	8	44.195	8	50.381	8	54.255	8
安徽	35.300	14	39.936	12	44.780	13	50.550	13
福建	35.179	15	39.944	11	45.081	11	51.869	11
江西	23.634	23	27.447	22	31.639	22	35.938	22
山东	59.238	3	67.615	2	76.552	1	81.837	1
河南	36.992	12	41.198	10	46.701	10	51.460	12
湖北	37.153	11	42.568	9	48.246	9	53.779	10
湖南	32.799	18	35.284	18	39.458	18	43.209	17
广东	33.592	16	37.905	16	42.132	16	44.981	16
广西	24.208	22	27.048	23	29.556	23	32.400	23
海南	1.000	30	5.679	30	9.163	30	13.497	30
重庆	35.334	13	38.839	15	42.531	14	46.207	15
四川	32.981	17	35.083	19	37.355	20	40.892	19
贵州	12.360	27	15.426	27	18.636	28	22.000	28
云南	16.172	25	18.742	25	21.393	25	23.638	26
陕西	26.168	21	29.487	21	34.015	21	37.352	21
甘肃	11.736	28	14.437	28	21.043	26	25.836	25
青海	17.504	24	20.334	24	23.653	24	27.724	24
宁夏	13.953	26	18.118	26	18.659	27	22.252	27
新疆	6.531	29	9.917	29	14.455	29	18.854	29

表 5.4　2015—2018 年各省（自治区、直辖市）乡村产业融合发展水平及其排名

地区	2015 年	排名	2016 年	排名	2017 年	排名	2018 年	排名
北京	53.271	12	54.755	14	51.984	18	51.755	20
天津	87.532	1	92.425	2	90.713	3	92.741	3
河北	47.783	17	52.657	17	55.010	16	59.506	14
山西	49.903	16	54.736	15	49.546	21	49.377	22
内蒙古	61.130	6	65.544	5	62.801	8	56.254	16
辽宁	64.254	5	56.901	12	56.004	14	59.138	15
吉林	66.143	4	70.144	4	75.465	4	81.136	4
黑龙江	53.247	13	58.259	10	60.977	10	63.925	9
上海	58.213	8	53.281	16	60.369	11	61.644	10
江苏	83.652	3	90.401	3	93.951	2	97.893	2
浙江	56.070	10	59.569	9	59.507	12	59.801	12
安徽	53.188	14	57.362	11	61.112	9	64.753	8
福建	56.772	9	61.964	7	63.009	7	65.159	7
江西	40.133	21	45.303	21	49.165	22	52.936	18
山东	87.516	2	95.563	1	95.426	1	100.000	1
河南	55.169	11	59.962	8	64.982	5	71.192	5
湖北	58.482	7	65.223	6	63.687	6	69.463	6
湖南	47.687	18	52.445	18	55.072	15	59.511	13
广东	47.574	19	50.654	19	50.646	19	52.037	19
广西	34.939	23	39.690	23	50.255	20	46.459	23
海南	15.882	30	21.831	30	27.570	29	32.391	27
重庆	50.629	15	56.858	13	58.523	13	61.407	11
四川	43.948	20	47.443	20	52.289	17	56.134	17
贵州	25.879	27	33.573	25	38.101	25	41.668	25
云南	25.286	28	28.393	27	31.316	26	34.054	26
陕西	39.366	22	41.437	22	46.732	23	51.560	21
甘肃	30.310	26	36.140	24	38.560	24	42.009	24

表5.4(续)

地区	2015 年	排名	2016 年	排名	2017 年	排名	2018 年	排名
青海	32.220	25	30.708	26	28.596	28	27.821	29
宁夏	32.499	24	27.947	28	29.748	27	31.413	28
新疆	21.907	29	25.014	29	22.592	30	20.165	30

资料来源：根据各统计年鉴进行整理，使用软件得到降维后的主成分，笔者用 Excel 自行绘制。

5.2　数字金融对乡村产业融合发展的实证设计与分析

5.2.1　变量描述与数据来源

本章的被解释变量为乡村产业融合发展，相应的二级指标分别为第一产业增加值/本地 GDP，单位面积农业增加值，人均农副产品加工业总产值，每万人拥有农民专业合作社数量，休闲农业营业收入。相应的数据来源主要来自于国家统计局、各省市自治区的统计年鉴以及政府网站，具体来源见本章 5.1.3。核心解释变量为数字金融，为了兼顾纵向和横向和可比性，并且体现数字金融服务的多层次性，数字金融总指数由数字金融的覆盖广度，普惠金融数字化程度以及数字金融使用深度三个维度构成，用 AGG 来表示。该数据来自于北京大学数字金融研究中心课题组。具体而言，在数字金融覆盖广度方面，其不同于传统金融机构触达用户的方式（主要通过"金融机构网点数"和"金融服务人员数"等指标来计算）。由于互联网天然不受地域的时空限制，数字金融服务供给和覆盖广度能保证用户得到相应满足，故该指标主要包括第三方支付的电子账户数、绑卡用户比例和绑定银行卡数量等具体指标。在数字化程度方面，其主要是体现便利性、低成本和信用化等特点，故指标主要有移动支付笔数占总支付笔数的比例、消费贷和小微企业贷利率、免押金支付笔数占总支付笔数比例、用户二维码支付金额和笔数等指标。在数字金融使用深度方面，指标主要有实际使用总量指标（每一万支付宝用户数中使用这些服务的人数）和使用活跃度指标（人均交易笔数、人均交易金额）等指数。数字金融总指数则是包含了三个维度的综合指标（郭峰 等，2020）。目前学术界尚未有一个指标可以全面衡量数字金融发展的水平和质量，北京大学数字普惠金融指数①是现阶段被学术界广泛认可和使用的一套数据，虽然这一指标体系现还不能完整地反映整个中国数字金融的全貌，但就现实数据可获得性和科学性而言，其仍具有一定的代表性。

另外，根据乡村产业融合发展的实际情况和对以往文献的分析，本研究选取以下变量作为控制变量：人均农业劳动生产率（PLABOR），指农业劳动者在单位劳动时间内（一年）生产的农产品数量（或产值），因为乡村产业融合发展离不开劳动力这一活跃的生产要素；人均财政支农水平（PFIS），即财政支农支出与乡村人口数的比值；人均农业贷款（PDK），即农林牧渔贷款余额除以乡村总人口，用于衡量传统金融和农业信贷对乡村产业融合发展的支持水平；社会融资规模②（RZ），能够更加立体地从资金供给角度反映全社会通过金融渠道所获资金，能够更全面地反映金融体系对实体发展提供的资金供给；乡村居民人均受教育程度（PEDU），乡村居民受教育程度越高越有可能促进乡村产业融合发展，但也有可能离开乡村进城务工，进而不利于当地的乡村产业融合发展；单位面积农机总动力（ENERGY），能够衡量农业技术水平，用来反映促进乡村产业融合发展的客观外部生产条件，并随着农业技术的发展而推广，故理论上其能对乡村产业融合发展产生促进作用。

为了使研究变量的量纲级别统一，本研究对相关变量进行处理，具体而言，对数字普惠金融指数、人均财政支农水平和人均农业贷款这类无单位型变量和总量型变量如社会融资规模水平等取对数处理；对于单位面积农机总动力、乡村人均受教育水平这类比值型变量，由于其数据较小且离散，因而对该变量的原始数据进行回归。对各指标进行无量纲化和标准化处理后的描述性统计如表5.5所示。

---

① 本研究的核心对象和概念是"数字金融"，虽然本章使用的数据是北京大学数字普惠金融指数，但笔者通过对该指标体系的分析以及对已有相关文献的归纳总结后假设，本章使用的数字普惠金融指数与数字金融做同义词使用。

② 根据中国人民银行的统计口径："社会融资规模是衡量中国金融支持实体经济状况以及资金松紧程度的重要指标，并且能够全面反映实体经济融资状况、地区发展差异、行业发展动向、金融对经济薄弱环节的支持等"，即"一定时期内（每月、每季或每年）实体经济从金融体系获得的全部资金总额"。

表 5.5 变量的描述性统计

变量名	含义	平均值	标准差	最小值	最大值
Y	乡村产业融合发展	46.517	19.442	1	100
LNAGG	数字普惠金融总指数对数化处理	5.138	0.523	3.466	5.934
PLABOR	农业人均劳动生产率	2.318	0.863	0.628	5.061
PFIS	人均财政支农水平对数化处理	7.991	0.601	6.758	9.893
LPDK	人均农业贷款对数化处理	8.621	0.531	7.444	10.041
LNRZ	社会融资规模对数化	8.352	0.804	4.836	10.107
PEDU	乡村居民人均受教育程度	7.746	0.596	5.861	9.801
ENNERGY	单位面积农机总动力	6.854	3.583	2.910	24.631

依据表 5.5，结合原始数据结果分析可得，在样本研究期间，数字金融总指数的最大值和最小值差别都不是很大，说明相较于传统金融服务，数字金融拥有跨时空的优势，且更具有普惠性和便捷性；但乡村产业融合发展水平、社会融资规模、人均财政支农水平、人均劳动生产率这几个变量的最大值和最小值相差较大，说明在这些方面存在着地区差异。

5.2.2 空间计量模型构建

（1）空间模型和空间矩阵构建

相较于普通的截面数据仅包含不同区域的个体差异信息（individual），面板数据还包括了更能反映动态变化（dynamic）的时间变化趋势信息。故为了更好地兼顾纵向和横向的可比性，本研究采用面板数据进行检验，即同时兼顾地区和时间维度，并从横向和纵向两个维度进行分析比较。因此本研究的实证基准回归模型如下：

$$Y_{it} = \alpha + \beta_1 X_{it} + \sum_j \beta_j \text{Controls}_{jit} + \mu_i + \lambda_t + \varepsilon_{it} \qquad (5.1)$$

公式（5.1）中，Y_{it} 是本研究的因变量，表示第 i 个省在 t 时期的变化，核心自变量 X 和控制变量 Controls 的选择原因和描述说明见上述变量选取部分，α 为常数项，β_1 为核心自变量的系数，也即影响程度的大小，β_j 表示控制变量的系数（其中 j 表示第 j 个控制变量），μ_i 表示不随时间变化的各省份截面个体差异，λ_t 表示时间效应，ε_{it} 为随机扰动项。

　　截至目前，多数已有研究假定数字金融的发展是相互独立的，忽视了其可能存在的空间效应。为了检验数字金融对乡村产业融合发展的宏观效应是否存在一定的空间自相关性和溢出性等特征，在上述基准模型的基础上，本章进一步构建如下空间面板计量模型，因为空间面板模型除了有上述面板模型的优势以外，还包括了空间单元的地理方面信息（Elhorst，2010；李敬 等，2014）：

$$y_{it} = \alpha + \rho \sum_{j=1}^{n} w_{ij} y_{jt} + \sum_{k=1}^{k} x_{itk} \beta_k + \sum_{k=1}^{k} \sum_{j=1}^{n} w_{ij} x_{jtk} \theta_k + u_i + \gamma_t + \nu_{it} \quad (5.2)$$

$$v_{it} = \lambda \sum_{j=1}^{n} m_{ij} v_{it} + \varepsilon_{it} \quad (i = 1, \cdots, n; \ t = 1, \cdots, T) \quad (5.3)$$

在式（5.2）和式（5.3）中，如果 λ 为 0，则为空间杜宾模型（SDM，Spatial Durbin Model）；如果 λ 为 0 且 θ 为 0，为空间自回归模型（SAR，Spatial Autoregressive Model）；若 ρ 等于 0 且 θ 为 0，则为空间误差模型（SEM，Spatial Error Model）。

　　由于本研究考虑到变量间存在空间异质性和依赖性，故选取了空间计量模型进行分析。首先，在空间权重矩阵构建方面，本研究在地理学第一定律的基础上，参考相关已有文献和代码，通过 Rstudio 构建地理空间邻接权重矩阵，也即根据观测省份 i 和 j 之间的临近特征，对其空间权重矩阵中的元素 w_{ij} 赋权为 1（当相邻的区域空间观测单元 i 和 j 之间共享一个边界或者顶点），否则赋权为 0，这也将是本研究基准回归所使用的区域临接（0 ~ 1）矩阵权重法。其次，本研究通过 Moran's I Test（莫兰指数），LM（Lagrange Multiplier，拉格朗日乘子）和 LR（Likehood ratio，似然比）检验来判断研究数据的空间效应，是判断是否需要空间建模的首要步骤。具体可得到公式（5.4）：

$$\text{Global Moran's } I = \frac{\sum_{i=1}^{n} \sum_{j=1}^{n} W_{ij} (X_i - \bar{X})(X_j - \bar{X})}{S^2 * \sum_{i=1}^{n} \sum_{j=1}^{n} W_{ij}} \quad (5.4)$$

其中，n 为本研究团队研究的省份，W_{ij} 是空间矩阵元素，当空间单元 i 和 j 邻接时，$W_{ij} = 1$；否则，$W_{ij} = 0$。结果显示综合主成分 Y 的 Moran's I 为 0.374[***]，P-value 为 0 也即在 1% 的统计水平下有显著的空间相关性。随后，需要判定本研究是使用 SAR（空间滞后模型）、SEM（空间误差模型）还是 SDM（空间杜宾模型），在空间计量模型具体形式的选择中，SAR 模型的空间滞后项必须作为一个内生变量，其模型设定为 $y = \rho W_y + X\beta + \varepsilon$，其中 $\varepsilon \sim N(0, \sigma^2 I)$；SEM 模型是每一个空间位置上的随机误差，其空间临近位置上随机误差的函数 $u_i = \lambda \sum \sum_{j=1}^{N} w_{ij} u_i + \varepsilon_i$，其中 ε_i 是误差项，u_i 是具有空间相关结构的误差项；SDM 模型具体表现形式为 $y = \lambda W_y + X\beta + WX\delta + \varepsilon$，其中 W 为空间权重矩阵。

5.2.3 实证检验结果与空间溢出效应分析

首先，本研究为确保实证回归检验的严谨性，先对各变量进行单位根平稳性检验（针对同质面板假设的 LLC 检验，以及针对异质面板假设的 IPS、ADF-Fisher 检验）、相关系数分析、方差膨胀因子和协整检验、格兰杰因果关系检验等。即通过面板单位根检验后，对变量进行面板协整检验（见表 5.6），KAO 检验的 5 种不同的检验统计量其对应的 p 值均小于 0.01，故可在 1% 水平上强烈拒绝"不存在协整关系"的原假设，认为存在协整关系，随后使用更为灵活的 Pedroni 检验，结果也显示存在长期协整关系。

表 5.6　变量间的协整检验

Cointegration Test	Method	Statistic	p-value
KAO Test	Modified Dickey-Fuller t	-4.677	0.000
	DF t	-8.408	0.000
	Augmented DF t	-4.204	0.000
	Unadjusted modified DF t	-24.736	0.000
	Unadjusted DF t	-14.958	0.000
Pedroni test	Augmented Dickey-Fuller t	-9.786	0.000

其次，通过构建空间面板模型检验数字金融对乡村产业融合发展的效应，对 LM（Robust）检验、LR 检验和 Hausman 等一系列的检验结果进行分析可得，本研究适合的模型为固定效应的空间杜宾模型（SDM），因此后续研究将主要基于此结果进行，并得出相应结论，为了比较和检验各变

量参数估计的稳健性，本章分别列出了 SDM、SEM 和 SAR 模型的估计结果（如表 5.7 所示）。

表 5.7　数字金融总指数对乡村产业融合发展的实证结果

Variable	SDM	SAR	SEM
LNAGG	8.455***	2.584*	3.421**
	(3.162)	(1.485)	(1.362)
PFIS	15.699***	15.724***	16.174***
	(2.371)	(2.237)	(2.21)
LPDK	−1.124	−1.369	−1.613
	(1.342)	(1.307)	(1.300)
PEDU	6.379***	6.174***	6.067***
	(1.401)	(1.398)	(1.400)
PLABOR	9.409***	9.071***	9.225***
	(1.03)	(1.003)	(1.001)
ENERGY	−0.198	−0.316	−0.331
	(0.230)	(0.231)	(0.230)
LNRZ	0.853	0.797	0.746
	(0.861)	(0.839)	(0.851)
wp_ LNAGG	8.559**		
	(3.672)		
wp_ PFIS	4.771		
	(3.132)		
wp_ LPDK	1.313		
	(2.072)		
wp_ PEDU	2.639		
	(2.552)		
wp_ PLABOR	1.218		
	(1.611)		
wp_ ENERGY	−0.089		
	(0.343)		
wp_ LNRZ	3.481**		
	(1.574)		
rho	0.015**		0.034***
	(0.007)		(0.006)

Variable	SDM	SAR	SEM
R^2	0.871	0.869	0.869
lambda		0.069	
		(0.056)	

注：*、**、***分别代表在10%、5%、1%统计水平上显著，括号内为对应标准误。

表5.7的实证结果显示，数字金融总指数（LNAGG）对乡村产业融合发展的影响系数为8.455，且在1%统计水平下显著为正，其原因主要在于数字金融的出现和使用加强了金融产品和服务的有效分配，缩短了金融机构与目标客户之间的距离，促使原本被排斥在正规金融体系之外的群体能够相对容易地获取金融服务，并且越来越多的原有客户，尤其是受到信贷约束的新型农业经营主体开始使用手机银行和网上银行等新兴业务替代传统银行业务，这为拓展金融的服务范围和触及能力提供了巨大的发展空间。被赋予了空间权重后的数字金融指数（wp_LNAGG）系数为8.559且在5%统计水平上显著，这也说明数字金融能较好地通过技术扩散等方式带动周边地区的发展，存在空间溢出效应，也间接地说明了基于数字信息技术提升融资、支付和投资的数字金融模式，有利于促进金融资源的合理配置，改善地区的金融环境，有助于解决传统的融资难问题，验证了前述假说1。

总之，数字金融的发展通过突破传统的物理局限，形成便捷的金融资源配置能力，有利于缓解融资难和融资贵的问题，进而能显著促进乡村产业融合发展。控制变量的实证结果显示，人均财政支农水平（PFIS）显著为正，即财政支持有利于乡村产业融合发展，说明政府的公共财政支农资金有一定的杠杆和导向作用，需要继续加大公共财政对乡村产业融合发展的支出力度；人均劳动生产率（PLABOR）也是正向显著的，这与理论和实践都是相符的，说明人力资本是促进乡村产业融合发展的重要原动力；此外，社会融资规模（LNRZ）存在较为显著的空间溢出效应，说明其能通过扩散效应等促进相邻地区的乡村产业融合发展；乡村居民人均受教育程度（PEDU）对乡村产业融合发展的影响是正向且显著的，也是符合实际情况的。其余控制变量虽不显著，但都基本与预期相符。

5.2.4　稳健性检验与分析

（1）稳健性检验方法和说明

在稳健性检验中，本研究使用大多数文献中的变量替换法，即更换被解释变量，测量方法的替换（即将主成分分析法换成熵值法），增加控制变量，空间模型的权重替换法的四种稳健性检验相结合的方法。

具体而言，有学者认为乡村产业融合发展后生产效益和生产生活状况的提升，主要由农村居民人均可支配收入体现（辛岭和安晓宁，2019），故本研究在前述基准回归中乡村产业融合发展的基础上，在二级指标中增添"农村居民人均可支配收入"这一变量，为使量纲级别统一，对其进行对数化处理；将原有的"休闲农业经营收入对数形式"这一指标变化为"休闲农业经营收入/农林牧渔业增加值"，这一指标能较为直接地反映乡村旅游业在农村产业融合发展中的作用，并且由于我国乡村旅游业与民族文化传承关系紧密，因而这一指标又可以近似地反映农村三产融合中农业文化功能的拓展（姜峥，2018）。故本研究在进行乡村产业融合发展的更换被解释变量的稳健性检验中，选取了如下二级指标：第一产业增加值/本地 GDP，单位面积农业增加值，人均农副产品加工业总产值，休闲农业营业收入与农林牧渔业增加值之比，每万人拥有农民专业合作社数量和农村居民人均可支配收入，相关变量的描述性统计如表 5.8 所示。正如本研究第 2 章和本章 5.1 小节内容所述，指标的测度方法有不同类型，目前最常见的是主成分分析法和熵值（权）法，为了避免因使用不同计算方法带来的可能的结果偏差，保证回归结果的可靠性和稳健性，本研究进一步使用熵值法对乡村产业融合发展的指标（Y2）进行测度，再进行实证回归。控制变量中增添地区生产总值（ZCZ），因为地区生产总值水平是当地经济的一种外在体现，对乡村产业融合发展理论上会有一定的影响。空间权重更换方面则将基准回归中的 0~1 权重矩阵换成经济距离嵌套权重矩阵。

表 5.8　稳健性检验的乡村产业融合发展的度量变量和描述性统计

变量名	含义	平均值	标准差	最小值	最大值
WNYZJZ	单位面积农业增加值	1.445	1.014	0.034	4.951

表5.8(续)

变量名	含义	平均值	标准差	最小值	最大值
KBYC GDP	一产增加值占本地GDP比重（按可比价计算）	7.526	4.218	0.230	24.010
PCOP	每万人拥有农民专业合作社数量	25.003	16.875	2.862	91.534
LXXNY	休闲农业经营收入/农林牧渔业增加值	0.102	0.145	0.003	1.552
PJG	人均农副产品加工业总产值	1.059	0.856	0.031	3.685
LNSR	农村居民人均可支配收入（对数化处理）	2.212	0.341	1.621	3.021

在稳健性检验中，用熵值法替换基准回归检验中的主成分分析法，即通过熵值法计算第 k 个指标权重的公式为 $W_{(K)} = (1 - e_k) / \sum_{k=1}^{m} (1 - e_k)$，$0 \le W_K \le 1$，并以 W_k 作为权数，通过无量纲化和加权求和得出各指标熵的评价值：$V_i = \sum_{k=1}^{m} w_k x_{ik}$，利用 MATLAB 软件首先通过升/降半梯度分布函数对指标进行处理（正向化），然后用相对离散值和数据标准化对各三级指标进行无量纲化处理，再通过 S 曲线将数据正值化，最后通过加权求和确定各指标权重，合成乡村产业融合发展水平指数。样本研究期限内，乡村产业融合发展整体变化情况和基准回归中主成分分析的排名情况基本吻合，新疆、贵州和青海在本研究测度范围内的乡村产业融合发展相对较弱，但总体而言，大部分地区的乡村产业融合发展呈现上升趋势，初步证明了本研究的实证结果是稳健的。

（2）空间矩阵构建和模型检验

在稳健性检验的空间权重矩阵选择上，一方面，经济活动的空间效应不只局限于与之相邻的地区，一个省份的经济策略能够被所有地区观测到，但相应的影响强度会随着距离的增加而衰减；另一方面，一个省份与所有与之不相邻省份的空间关联强度是不同的（白俊红 等，2017）。故本研究稳健性检验的空间矩阵参考曾艺等（2019）的做法，采用经济与地理嵌套矩阵。这种矩阵同时考虑了空间单元的地理邻近和经济联系，相较于单独的地理矩阵或者经济矩阵，能够更加全面地反映城市间的关联性。

在进行空间计量分析之前，需要检验是否存在空间效应，本研究采用全局莫兰指数法（Global Moran'I）描述所有的空间单元在整个区域中与周边地区的平均关联程度，并检验经济距离嵌套矩阵下的变量空间效应（如表 5.9 所示）。

表 5.9　稳健性检验中的全局莫兰指数结果

变量	I	E（I）	SD（I）方差	Z 得分	P 值
Y2	0.405	−0.004	0.042	9.819	0.000
LNAGG	0.111	−0.004	0.042	2.753	0.006

结果显示乡村产业融合发展和数字金融在经济距离权重下的 Moran'I 指数均达到了统计显著水平，即具有显著的自相关性，在空间分布上可能出现集聚现象；此外，I 的值均大于零，即所有地区的属性值在空间上有正相关值，且属性值越大越容易聚集在一起。

（3）稳健性实证结果与分析

根据本章前述的模型设定和检验思路，本研究进行了 LM 检验、LR 检验和 Wald 检验，相关检验结果的 P 值均显著为零，这表明相较于 SAR 和 SEM 模型而言，SDM 模型在稳健性检验中具有最优的拟合效果，故本小节选择 SDM 模型进行分析。表 5.10 的 a 列为 SDM 模型检验结果。为了进一步探寻数字金融对乡村产业融合发展的边际影响，根据 Le Sage（2008）的观点，本研究进一步将解释变量对被解释变量的影响分为直接效应、间接效应和总效应，用直接效应衡量解释变量对本区域被解释变量的平均影响，用间接效应反映解释变量对邻近地区被解释变量的平均影响，用总效应反映解释变量对所有地区的平均影响，故表中 b、c、d 列分别为经济地理距离矩阵下，数字金融对乡村产业融合发展的直接效应、间接效应和总效应结果展现。

前述小节的基准回归研究主要是基于 0~1 地理距离来构建空间权重矩阵的，并没有将经济活动的空间相关性考虑在内，本小节将区域经济活动纳入空间权重矩阵的构建中，进而通过使用地区间经济和地理上的空间相关性的经济与地理嵌套权重矩阵，以检验结果的稳定性，分析可得在更换矩阵后，回归结果仍然选择 SDM 模型，并且在更换被解释变量和增添控制变量后，估计结果的系数大小虽有些变化，但是在统计水平上显著的各变量的方向没有发生根本性的变化。

具体而言，由表5.10可知，数字金融能显著促进当地的乡村产业融合发展，这说明地区间的数字金融活动并非随机独立的，其还受其他地区数字金融发展的影响，并且由于 Moran's I 指数检验以及空间计量模型的空间项系数均显著为正，前述研究假说1再一次得到了验证；数字金融的间接效应也显著为正，说明其存在空间溢出效应，当地的数字金融发展可以带动邻近地区的乡村产业融合发展，原因可能在于数字金融能够突破传统的物理空间边界，拓宽金融服务市场的边界和容量，并且数字金融作为先导要素，不仅能深化金融发展，还能带来本地与相邻地区乡村产业融合发展的空间联动，这也呼应了本研究描述机理部分所分析的数字金融具有高渗透性、外部经济性等功能优势。

在控制变量中，社会融资规模的直接效应是正向显著的，即能促进本地的乡村产业融合发展；乡村居民人均受教育程度的间接效应和总效应都是正向显著的，直接效应虽然不显著但是也是正向的，这说明教育水平提升所伴随的空间知识溢出效应还有助于推动其他地区的乡村产业融合发展；其余控制变量和基准回归基本一致。故对比基准回归和稳健性检验的结果可知，本章关于数字金融对乡村产业融合发展的宏观效应研究的回归结论是稳健和可靠的。

表5.10　数字金融对乡村产业融合发展的直接、间接和总效应

变量	a. SDM	b. 直接效应	c. 间接效应	d. 总效应
LNAGG	8.601***	9.725**	13.445****	23.172*
	(2.959)	(3.296)	(3.510)	(14.159)
PFIS	6.468**	6.935***	-6.382*	0.552
	(2.526)	(2.630)	(3.316)	(2.758)
LPDK	-1.545	-1.470	0.491	-0.979
	(1.298)	(1.347)	(2.340)	(2.086)
PEDU	2.074	1.499	5.951**	7.451***
	(1.321)	(1.371)	(2.636)	(2.430)
PLABOR	4.673***	5.435***	-8.417***	-2.981
	(0.944)	(0.946)	(1.865)	(1.843)
ENERGY	0.112	0.295	-1.856***	-1.561***
	(0.219)	(0.238)	(0.582)	(0.568)

变量	a. SDM	b. 直接效应	c. 间接效应	d. 总效应
LNRZ	0.221	0.715	−5.404***	−4.886***
	(0.850)	(0.906)	(1.193)	(1.139)
LNZCZ	−0.497	−1.865	13.378	11.512
	(2.914)	(3.448)	(20.086)	(18.508)
w_ LNAGG	13.428***			
	(3.371)			
w_ PFIS	5.482			
	(3.779)			
w_ LPDK	0.298			
	(2.756)			
w_ PEDU	7.741**			
	(3.067)			
w_ PLABOR	−8.521***			
	(2.333)			
w_ ENERGY	−2.254***			
	(0.704)			
w_ LNRZ	−6.453***			
	(1.405)			
w_ LNZCZ	16.685			
	(24.881)			
rho	0.362***			
	(0.101)			
sigma2_ e	9.498***			
Log-likelihood	613.915			
R^2	0.484			

注：*、**、*** 分别代表在 10%、5%、1%统计水平上显著，括号内为对应标准误。

5.3 本章小结

本章基于数字金融影响乡村产业融合发展的理论推导、作用机理和历程分析，运用多种空间计量模型方法实证检验了数字金融总指数与乡村产业融合发展之间的关系。本研究在稳健性检验中主要采取更换被解释变量、更换测度方法、增添控制变量和更换空间权重四种方法。结果表明，在基准回归和稳健性分析中，变量系数方向基本与实践一致，且无较大的改变，即数字金融能够促进乡村产业融合发展，而且无论在基准回归还是稳健性检验中，数字金融的空间效应显著存在，这说明数字金融的整体发展降低了信息不对称程度，扩宽了资金来源渠道，提高了涉农从业主体的贷款可得性。在控制变量中，社会融资规模的提升和人均财政支农力度的加强对乡村产业融合发展会产生积极的作用，乡村居民人均受教育水平也显著为正，人均劳动生产率等指标对乡村产业发展都有正向促进作用，这与一般经济理论和实际情况都是相符的。稳健性检验中所有变量的参数估计和显著性均没有发生明显变化，说明本章实证结论是稳健且可靠的。

第6章 数字金融对乡村产业融合发展的微观效应

前述章节基于宏观视角和数据分析，实证检验证明了在宏观层面上，数字金融能够促进乡村产业融合发展，并且具有空间溢出效应。在进行理论推导时，我们可以发现数字金融有利于增加金融资源和服务的可获得性，那么使用数字金融能否缓解新型农业经营主体的融资问题，降低其融资成本和难度，进而促进乡村产业融合发展？其微观效应如何？这值得进一步探寻。故本章将采用定性与定量相结合的方法，基于之前章节的论述及宏观效应分析，进一步通过实践观察、调研和归纳总结，特别是通过深入不同地区进行大量实地调查、访谈笔录和微观入户问卷调查等方式，收集第一手资料，并遵循客观性、科学性和系统性等原则。从现实当中提问题，在现象之中找关联，进而以点带面，见微知著，并与前述章节相互呼应共同形成宏观、中观和微观全方位和多层面的立体分析框架。

6.1 数字金融影响乡村产业融合发展的调查内容和样本分析

调查研究的英文是"research"，可以看作前缀词语"re"（反复），加上"search"（探寻），中文直译是反复研究和探索，即通过不同的方法途径，有计划有步骤有目标地去了解探索实情，去伪存真，由表及里，进而获得对所研究问题的本质探索和规律总结。习近平总书记指出："迫切需要广泛深入开展调查研究，把存在的矛盾和困难摸清摸透，把各项工作做实做好。调查研究千万不能搞形式主义，不能搞浮光掠影、人到心不到的

'蜻蜓点水'式调研，不能搞做指示多、虚心求教少的'钦差'式调研，不能搞调研自主性差、丧失主动权的'被调研'，不能搞到工作成绩突出的地方调研多、到情况复杂和矛盾突出的地方调研少的'嫌贫爱富'式调研，而是要拜人民为师、向人民学习，放下架子、扑下身子，接地气、通下情，既到工作局面好和先进的地方去总结经验，又到群众意见多的地方去，到工作做得差的地方去，到困难较多、情况复杂、矛盾尖锐的地方去调查研究，真正把功夫下到察实情、出实招、办实事、求实效上。"①

6.1.1 调查样本选择

乡村产业融合发展所能带来的效益在理论和实践方面都得到了初步的证实。但如何才能更好地推进乡村产业融合发展，这就迫切需要新型农业经营主体的参与和带动。新型农业经营主体不仅是乡村产业融合发展的主力军，而且能带动周边的小农户与大市场对接。农业农村部办公厅、财政部办公厅《关于支持做好新型农业经营主体培育的通知》（农办计财〔2019〕44 号）提出要"加大对农民合作社、家庭农场等新型农业经营主体的支持，是贯彻落实党中央、国务院关于支持新型农业经营主体发展、促进小农户和现代农业发展有机衔接等一系列部署要求的重要内容，也是加快推进农业农村现代化、夯实乡村振兴战略实施基础的重要举措"。为了使研究更加的规范和准确，通过参考相应的政策文本和已有相关文献，特别是在党的十八大报告提出"培育新型经营主体，发展多种形式规模经营，构建集约化、专业化、组织化、社会化相结合的新型农业经营体系"后，本研究认为新型农业经营体系主要是指培育发展新型农业经营主体，逐步形成以家庭承包经营为基础，专业大户、家庭农场、农民合作社和农业产业化龙头企业为骨干，其他组织形式为补充的新型农业经营主体和服务主体。根据相关政策文件和实地调研的总结，本研究所界定的"新型农业经营主体"主要包括种养殖专业大户、农民合作社、家庭农场、农业产业化组织、涉农企业和公司等。其中对于种养殖大户的界定和划分按照各地区的实际情况并根据基本的经验进行了筛选，确定了不同的标准。如在贵州地区，山地占绝大多数，因为不考虑土地流转的情况下人均耕地不足

---

① 2018 年 1 月 5 日习近平总书记在新进中央委员会的委员、候补委员和省部级主要领导干部学习贯彻习近平新时代中国特色社会主义思想和党的十九大精神研讨班上的讲话

一亩（1亩=666.67平方米），故种植业二十亩以上就可以算作大户；在成都地区多数是平原，则设定种植业大于等于五十亩为种植大户，大型牲畜在五十头以上为养殖大户；同时，按部分学者提出地通过投入（或者产值）来衡量种养殖大户比较科学且容易操作的观点，将一些地方的经济作物种植三十亩以上或年平均投入在五万元级以上的也算作种养殖大户。其余新型农业经营主体的确定则根据当地的明确规定进行判别，因为新型农业经营主体涉及国家和地方的很多补贴，故地方上都会有一个申请认定的流程。一般来说，地方政府部门很清楚当地的新型农业经营主体对象，所以在调研对象的选择上除了根据硬性规定的面积亩数或者养殖头数以外，还参考了当地农业部门的标准，经过双向比对和筛选将合适的新型农业经营主体纳入了本研究的实证样本之中。

本研究的调查样本是新型农业经营主体。我们实地考察和问卷调查乡村产业融合发展的主力军——新型农业经营主体使用数字金融的情况，及其能否对其从事的乡村产业融合发展产生影响，产生何种影响，以及实际影响的大小等问题进行了探索性、描述性和调查解释性相结合的研究。调查研究的主要内容包括两大部分：第一部分主要是基本状况调研。一是新型农业经营主体的基本情况；二是数字金融的获取情况；三是乡村产业融合发展现状。相关问题设计和变量选项详见附录表格的新型农业经营主体问卷。第二部分主要是新型农业经营主体在从事种养殖农业间融合、生态循环立体农业（如稻虾/树鸡共养、套种、一季粮食作物一季经济作物等），一二产融合（如农产品加工、产供销产业链延长等），一三产融合的复合型农业（如农家乐、乡村旅游文化康养结合、田园综合体等），智慧农业（如引入互联网、大数据平台等现代信息技术的高科技农业），多功能农业（如创意农业、农耕体验和乡村文创手工艺等）等乡村产业融合发展活动和项目时，数字金融的使用情况及其影响状况。

6.1.2　调查区域选择

习近平总书记曾提出："要了解实际，就要掌握调查研究这个基本功。要眼睛向下、脚步向下，经常扑下身子、沉到一线，近的远的都要去，好的差的都要看，干部群众表扬和批评都要听，真正把情况摸实摸透。要在深入分析思考上下功夫，去粗取精、去伪存真、由此及彼、由表及里，找到事物的本质和规律，找到解决问题的办法。"① 因此，2020 年笔者首先跟随团队在广西壮族自治区和重庆市等地进行了访谈式调研和实地考察，通过调研和考察发现，对于新型农业经营主体而言，目前其发展产业融合的资金缺口较大，且传统金融机构线下贷款的融资额度无法满足其资金需求等。因此，前期的访谈式调研为后续相关问卷设计提供了基础。

本研究的调查样本区域主要是西南的云贵川渝四省市和中部的湖南省，体现了多样化和典型性等特征。如，贵州是典型的山地，不太适合大规模粮食种植，但适合其他多种经济作物的种植。因此，贵阳市和遵义市的猕猴桃、梨子、有机蔬菜等，可以通过当地较为发达的电子商务基地、多样化的销售渠道销往全国其他城市；成都市的大多数区县是以平原为主，当地有许多家庭农场和种养殖大户开展了休闲观光采摘、垂钓等一三产融合项目；重庆市是大城市带大农村；云南省主要发展烟草业、鲜花、中医药材等特色农业，同时也是少数民族聚集区域。此外，在中部地区，湖南省政府提供的数据显示，截至 2020 年，湖南省创建了 699 个现代农业特色产业园省级示范园、38 个省级优质农副产品供应示范基地、27 个现代农业特色产业集聚区，创建省级休闲农业集聚发展村 70 个、休闲农业示范农庄 60 个，农产品电商零售额达 180 亿元，农产品加工业销售收入约 2 万亿元，家庭农场达到 5.6 万户，农民专业合作社达到 10.6 万个，社会化服务组织达到 7.2 万个。总体而言，湖南省在发展乡村产业融合方面拥有良好的环境和有利条件，具有先进性和典型性。因此，本研究调查区域的选择在全国具有一定的代表性和普适性，即本研究主要基于对中原地区的农业大省湖南省、西南地区农业发展较弱的的云南省、贵州省、四川省和重庆市的新型农业经营主体进行相关调研和深入分析具有一定的重要性、必要性和可行性。

在考虑样本规模、统计值推论总体参数精度、置信度、问卷数据有效性、人力物力财力和时间安排的基础上，本研究依据西南地区省市的地理区位、经济发展水平、不同类型农户特征、特色农业发展等因素进行判断和筛选，按照随机抽样、系统抽样、分层抽样和多阶段抽样原则进行抽样（Babbie，2006）。本研究对滇、黔、川、渝、湘这五个省市的相关县区进

---

① 习近平总书记于 2021 年 9 月 1 日在中央党校（国家行政学院）中青年干部培训班开班式上的讲话。

行调研，具体选取了云南省昆明市、楚雄彝族自治州、曲靖市，贵州毕节市和湄潭县，四川成都市、眉山市；重庆永川区、北碚区；湖南省浏阳市、怀化市等地开展问卷调查，即每个省（市）随机抽取 2~4 个市（区县），每个市（区县）随机抽取 2~5 个乡镇，每个乡镇随机抽取 2~5 个村，再从中随机抽取十多个的种养殖大户、家庭农场负责人、农民合作社负责人、涉农企业负责人等不同类型的新型农业经营主体进行问卷调研和数据采集。

6.1.3　调查方法和数据来源

本研究主要采取问卷调查法和访谈调查法，采取封闭型问卷和开放型问卷相结合的混合型问卷结构，并且在前期问卷设计和完善阶段，也将问卷调查和访谈调查法相结合。访谈调查法中的访谈式记录是微观实地调查中的一种方式，也是对研究中的相关信息进行定性判别的方法之一，其优点在于适应范围广、动机明确、灵活性强、获取的信息真实且具体。在2021 年暑期开展实地问卷大调研之前，为保证问卷的信度和效度，笔者和团队成员做了大量的准备工作。首先，就问卷设计向相关领域的专家征求了建设性的意见，基于专家们的建议查阅相关的资料，并进行了调查研究的问卷修改和总体规划。其次，2020 年 7 月笔者在广西壮族自治区和宁夏回族自治区与当地的芒果电子商务销售负责人、香蕉片加工业负责人、水稻加工负责人、哈密瓜果汁制造商等从事乡村产业融合发展的新型农业经营主体进行了深度交流和相关信息了解，这为进一步修改完善本研究问卷设计提供了新的思路。2021 年 5 月笔者与西南大学农村金融与乡村振兴研究团队的其他成员一起在重庆市永川区开展了第一轮调研，为本研究的正式问卷调查和调研访谈。团队成员对抽样农户和新型农业经营主体进行了一对一深度访谈，了解现阶段小农户、新型经营主体的产业融合发展现实情况。随后，2021 年 6 月笔者和团队成员在湖南省浏阳市和沅陵县开展了第二轮调研，此轮和后续调研使用的问卷调查法是借助问卷星软件，对小农户及新型农业经营主体进行一对一访谈调查，并且对乡镇干部、村干部及驻村成员进行集体座谈，此次深入的调研，特别是与村干部的深度访谈让我们产生了耳目一新的感悟与体会，这也为本研究的后续的机制创新部分提供了逻辑起点。2021 年 7 月至 8 月在云南省楚雄彝族自治州、昆明市、曲靖市，贵州省的大方县、湄潭县，四川省眉山市和成都市等地开展第三轮问卷调研，后续相应的微观实证主要基于对2021年暑期的第二轮和第三轮调研问卷所采集的数据进行分析。

综上所述，本章数据来源于2021年5月至8月在湖南省和西南片区的重庆市、湖南省、贵州省、四川省和云南省的一对一访谈和实地问卷调研。本研究所使用的微观调研数据通过分层随机抽样的方法采集，并在前述地区随机抽取县、镇、村进行问卷调查，即在重庆市北碚区、永川区，湖南省浏阳市和怀化市，云南省昆明市、楚雄彝族自治州和曲靖市，四川省眉山市和成都市，贵州省毕节市和湄潭县等地开展调查，每个省（市）随机抽取2~4个市（区县），每个市（区县）随机抽取2~5个乡镇，每个乡镇随机抽取2~5个村，再从中随机抽取十多个的种养殖大户、家庭农场负责人、农民合作社负责人、涉农企业负责人等不同类型的新型农业经营主体进行问卷调研和数据采集。此次农业农村部政策与改革司和西南大学经济管理学院合作完成的微观调查"2021年中国农村经济与农村金融调查"（CRERFS 2021），共获得780份新型农业经营主体问卷，通过数据清理，最终获取本研究所需新型农业经营主体的有效问卷731份。

6.1.4 样本特征描述

在建立计量经济模型和进行实证分析之前，我们首先需要对调研问卷中的一些具体问题和方式开展描述性的统计分析。

在本次调研区域和新型农业经营主体的样本中，绝大多数涉农企业负责人和农民专业合作社负责人，已经开始使用如农村信用合作社、中国农业银行或是对当地进行整村授信的金融机构的数字金融产品。其余部分种养殖大户和家庭农场负责人对于数字金融的新型产品和服务模式处于观望状态，其中有42.86%的受访对象倾向于通过银行线上借贷产品，如通过中国农业银行的"惠农e贷"等的以银行为主的数字金融服务产品；有52.1%的受访者更愿意选择与政府机构的合作企业的数字金融产品；还有5.04%的受访者表示担忧风险，目前不愿意使用数字金融产品进行融资。在调查新型农业经营主体，种养殖大户占比为35.41%，家庭农场占比为23.75%，农民专业合作社的占比为22.84%，并且较大比例的专业大户也是农民合作社的理事会成员，农业产业化龙头企业和农业科技公司等其他类型主体占比不足 20%。

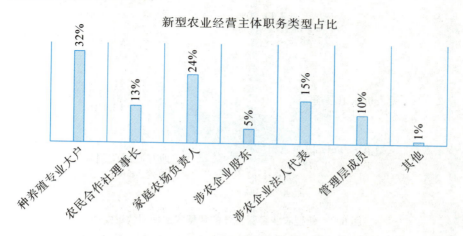

图6.1 新型农业经营主体职务类型

资料来源：本章节所有表格及图示数据均来自团队调研问卷，作者自行计算和整理，下同。

在具体调研样本人员构成中（如图 6.1 所示），即"新型农业经营主体职务类型"的种养殖专业大户户主占 32%，农民合作社理事长占 13%，家庭农场负责人占比 24%，涉农企业股东占 5%，涉农企业法人代表占 15%，管理层（监事会、理事会）成员占 10%。在从事了乡村产业融合发展项目的新型农业经营主体里，其中有 24% 的主体从事了种养殖农业间融合和立体循环农业发展，20% 的主体从事农产品加工，17% 的主体从事乡村旅游业，19% 的主体从事电子商务或互联网营销等，2% 的主体正在尝试智慧农业发展平台和项目，其余主体尝试了其他乡村产业融合发展方式等。

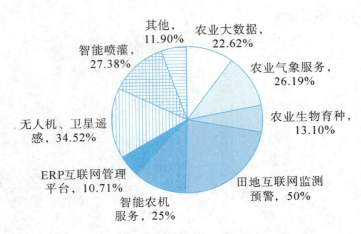

其他，11.90%
农业大数据，22.62%
智能喷灌，27.38%
农业气象服务，26.19%
无人机、卫星遥感，34.52%
农业生物育种，13.10%
ERP互联网管理平台，10.71%
智能农机服务，25%
田地互联网监测预警，50%

图 6.2　新型农业经营主体的智慧农业使用情况①

　　但是新型农业经营主体在从事乡村产业融合发展时也面临诸多困难和挑战，如信贷约束、市场条件限制和针对性的政策缺失等。具体而言，在对"从事乡村产业融合发展时遇到的主要困难"调研得到的数据进行细致分析发现（如表 6.1 所示），绝大部分新型农业经营主体还是受制于资金和信贷约束，平均综合得分为 4.92［选项的平均综合得分 ＝（Σ 频数×权值）/本题填写人次，下同］；也有部分研究认为目前支持乡村产业融合发展的政策力度还可以进一步的加强。从表 6.1 的平均综合得分排序可以发现，在湖南地区，除信贷和融资约束（4.92）以外，政策支持不足（2.68）、自然和市场条件受限（3.58）是阻碍当地乡村产业融合发展进程的主要因素。因此，提升金融服务"三农"乡村产业融合发展和创新相应的机制体制，十分重要和迫切。

表 6.1　从事乡村产业融合发展时遇到的主要困难

从事乡村产业融合发展遇到的困难	选项平均综合得分②
资金约束	4.92
没有政策支持	2.68
自然条件受限	1.81

　　① 智慧农业使用情况的图比例总值超过100%，是因本研究调研问卷中该题目是多选项，最多选三项，故部分样本有交叉重叠的部分。
　　② 选项的平均综合得分＝（Σ 频数×权值）/本题填写人次，下同。

　数字金融对乡村产业融合发展的效应研究

表6.1(续)

从事乡村产业融合发展遇到的困难	选项平均综合得分②
市场条件	1.77
技术条件欠缺	1.60
无明显困难	0.85
土地问题	0.61
文化程度	0.13
其他	0.72

为了深入探寻目前政策实施的落地情况，以及新型农业经营主体对已有优惠政策的了解程度，在调研中设计了目前"生产经营过程中获得的优惠政策"选项，相应的回答结果显示，获得种粮直补（25.41%）、信贷补贴（21.31%）和农业保险保费补贴（20.49%）三项内容均超过20%，说明国家对"三农"的优惠政策在所调研区域有着比较全面且广泛的覆盖面。但值得注意的是32.7%的回答是未获得任何优惠政策补助，这是否意味着"精英俘获"和"数字鸿沟"等困境依然存在，故我国更需加大加强数字金融促进乡村产业融合发展的机制创新。

基于前述章节的分析，教育和培训会对数字金融促进乡村产业融合发展进程产生推动作用，因而我们分析了样本中的培训内容。我们对数据进行整理后形成图6.3，从中发现，在本次调查样本范围中，有42%的受访对象接受过农业生产技术的培训；有近32%的新型农业经营主体参与过休闲观光旅游业和网络信息技术等新业态的培训；有16%的受访者参加过惠农政策解读；但还有约8%的受访者，未参加过任何培训。结合实际发现，在湖南的浏阳市永和镇狮子山村共有100多户村民发展了水果、蜂蜜等原生态无污染的产业，并计划引进休闲旅游康养项目，旨在通过利用当地乡村的生态资源优势，让当地纯天然的农产品、秀美的自然景观以及深厚的红色历史为外界熟知。因此，为了更好地打造"乡村旅游康养型"小城镇，将"生态资本"变成"富民资本"，当地的政府等部门也进行了相应的培育和网络宣传。

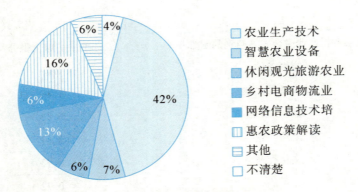

農业生产技术
智慧农业设备
休闲观光旅游农业
乡村电商物流业
网络信息技术培
惠农政策解读
其他
不清楚

图 6.3　受访者参与培训的具体内容

表 6.2 进一步对本次调研中新型农业经营主体希望培训课程涉及内容的意愿程度进行了排序，绝大多数新型农业经营主体依旧想获得与农业一产发展相关并可以提质增效的培训，即参加种植养殖和智慧农业的培训；对获得市场营销，电子商务等培训也表现出需求旺盛；其愿意参加一三产融合培训，如乡村旅游的平均综合得分也较高。总之，随着乡村振兴战略的逐步推进，一二产和一三产融合发展的效益逐步体现，越来越多的新型农业经营主体开始从事农产品加工销售和乡村休闲观光旅游等产业融合发展。因此，新型农业经营主体关于市场营销、电子商务以及乡村旅游的培训需求在不断上涨。

表 6.2　受访者参与培训的内容的意向

参加培训内容的意向	平均综合得分
种植养殖	5.34
市场营销	3.07
惠农政策解读	2.45
电子商务	2.35
乡村旅游	1.69
不愿意参加培训	1.31
农业保险	1.27
智慧农业	1.11
金融理财	0.62
其他	0.61

最后，在本次调研的样本中发现，绝大部分新型农业经营主体都会使用互联网来查询信息解决现实问题，其中有 70.6% 的新型农业经营主体主要查询农业生产经营类问题；有 20.8% 的新型农业经营主体查询的是金融类问题；有 91.8% 的新型农业经营主体拥有数字账户，并且绝大多数是经由银行网点工作人员以及亲朋好友推荐后，开始了解和使用线上的借款途径等。表 6.3 展示了受访对象认为数字金融（互联网金融、线上借贷）与传统线下借贷比较的优点排序。

表 6.3　新型农业经营主体选择数字金融借贷的主要原因

选择数字金融借贷的理由	平均综合得分
贷款期限灵活	4.59
贷款手续简单	4.51
还款方式灵活	3.95
放款快	3.45
借款额度灵活	2.59
担保要求简单	2.18
可选择产品多	1.45
正规金融机构借不到款	0.55
积累信用	0.5
正规金融机构借款不够用	0.45
其他	0.45

综上所述，新型农业经营主体目前从事乡村产业融合发展最大的难点依旧在于融资。但互联网线上借贷和数字金融的普及，休闲旅游农业和农产品电商销售等新业态的培训及其发展，以及政府利好政策的支持亦能在一定程度上促进其从事乡村产业融合发展。

6.2　数字金融影响乡村产业融合发展行为的实证分析

6.2.1　变量选取

为了揭示本研究所搜集样本的一般特征，并为后续分析做铺垫，我们先对所选取的代理变量及其相应的定义进行说明。本节所使用的变量定义、英文名和赋值方式如表6.4所示。

表 6.4　主要变量的定义和赋值方式

变量名称	英文名称	定义	赋值方式
乡村产业融合发展	RH	新型经营主体从事和经营产业融合发展的行为	选择任意一项或多项则视为从事乡村产业融合发展，赋值为1，若没有则为0
数字金融	DF	数字金融产品和服务的使用情况	手机端网上银行、微信支付、支付宝等电子钱包的数字金融账户进行过借贷和融资活动赋值为1，反之为0
性别	Sex	受访人性别	男性为1，女性为0
社会网络关系	Network	亲戚中有公职人员或金融领域从业者	有家人或亲戚担任公职人员（公务员、村干部、生产队长等），从事金融行业（银行，证券，保险）赋值为1，反之为0
受教育程度	Edu	上学年限和学历	（1）小学及以下；（2）初中；（3）高中；（4）中专/技校；（5）大专/高职；（6）本科；（7）研究生及以上，分别赋值1~7
健康程度	Health	身体健康程度	（1）非常好；（2）好；（3）一般；（4）不好；（5）非常不好，分别赋值5~1
年龄	Age	受访者年龄	实际年龄（岁）
培训	PX	参加相关的技能培训内容	若近5年参加过相关的技能培训内容，赋值为1，反之为0
资产	Asset	流动资金	实际流动资金情况
风险偏好程度	Riskpre	主观的投资风险偏好	愿意投资哪种项目（1）高风险高回报；（2）一般风险一般回报；（3）低风险低回报；（4）不愿承担任何风险，分别赋值4~1
金融素养	JRSY	受访者的金融素养评分	采用评分法对原始问卷中负责人的金融认知、应用和预测三个问题进行整理，答案加总得分用于作为金融素养的代理变量

（1）被解释变量

本节的被解释变量是新型经营主体是否有从事和经营产业融合发展的行为（RH），根据对上述章节中已有文献研究进行的归纳，以及调研和访谈中了解的实际情况，主要分为以下几种模式：①种养殖农业间融合、生态循环立体农业（如稻虾/树鸡共养、一季水稻小麦一季其他品种、禽类粪便做肥料等）；②一二产融合（如农产品加工、产供销产业链延长等）；③一三产融合的复合型农业（如农家乐、乡村旅游文化康养结合、田园综合体等）；④智慧农业（如引入互联网、大数据平台等现代信息技术的高科技农业）；⑤多功能农业（如创意农业、农耕体验和乡村文创手工艺等）。若有选择其中任意一项或多项则视为从事乡村产业融合发展，赋值为1；若没有任何乡村产业融合发展行为则赋值为0。

（2）核心解释变量

本研究的核心解释变量为数字金融的使用情况，以此判定新型农业经营主体能否使用数字金融去缓解其从事乡村产业融合发展时的资金和信贷约束问题。从已有文献归纳中不难发现，数字金融的种类和分维度很多，但通过深入基层了解实际情况后，本研究将有无通过"手机端网上银行、微信支付、支付宝等电子钱包的数字金融账户进行过借贷和融资活动"（DF）相关问题的答案进行整理和汇总，来作为数字金融使用情况的代理变量，若有设为1，否则为0。

（3）控制变量

通过参考已有文献和对调研了解的现实情况进行分析后，本节选取如下控制变量：①"受教育程度"（edu）。有研究证明个体受教育程度越高，其从市场收集处理信息的能力越强，这有利于其进行乡村产业融合的创新发展。样本中将文化程度具体分为：小学及以下；初中；高中；中专/技校；大专/高职；本科；研究生及以上，分别赋值1~7。②"社会网络和社会互动"（network）。一般而言，个体所拥有的社会网络程度越广，越容易产生良性的社会互动，其通过这个社会网络获取知识机会越多，也更容易发展壮大乡村产业融合的各种项目。本研究利用"负责人家庭是否有家人或亲戚担任公职人员（包括公务员、村干部、生产队长等）""是否有家人或亲戚从事金融行业（银行，证券，保险）"的答案，作为社会网络（network）的代理变量，因为周边有公职人员或者金融行业从业人员的主体对新事物的接纳和分享程度会更好，进而影响对乡村产业融合发展的尝试程度，若有则为1，否则为0。③"金融素养"（JRSY）。金融素养越高，其更愿意参与金融市场的相关活动，并且能增加其获得贷款的可能性（Browning and Lusardi，1996；胡振 等，2017；苏岚岚和孔荣，2019），若获得了相应的资金，解决了融资约束，则更有利于其从事乡村产业融合发展。美国金融素养咨询委员会（The US President's Advisory Council on Financial Literacy，PACFL）将金融素养定义为：居民为其一生的金融福祉而有效管理金融资源的知识和能力。该变量根据问卷回答问题的数量取值为0~9，即该变量采用评分法对原始数据中负责人金融素养部分的金融认知、应用和预测三个问题进行整理，三个问题的答案加总得分用于作为金融素养的代理变量。④"流动资金情况"（asset）。将问卷中"您所在经营主体的流动资金"的实际数字取对数。与此同时，主观心理特征代理变量主要是风险态度和健康状况两个分类变量。⑤"风险偏好"（riskpre），用于考量负责人的风险态度，问卷问题中："如果您有一笔资金可以用于投资，您最愿意投资哪种项目"的选项，即高风险高回报，一般风险一般回报，低风险低回报，不愿承担任何风险，分别赋值4~1分，风险偏好程度越高分值越高。⑥"健康状况"（health）根据负责人基本情况中的非常好，好，一般，不好，非常不好，这五个主观判断题选项，分别赋值5~1，分数越低身体健康状态越差。并加入⑥"年龄"（age）即负责人实际年龄。⑦"性别"（sex），男性取值为1，女性取值为0。

6.2.2　实证模型设定和描述性分析

本章的研究目的是分析数字金融与新型农业经营主体从事乡村产业融合行为的关系。因此我们需要使用离散选择模型（DCM，Discrete Choice Model）中的二项选择模型（Binomial choicemodels），即备选方案集中仅有两个选项（King et al.，2000；Wooldridge，2010；洪岩璧，2015），对本研究而言，即新型农业经营主体是否有从事或参与不同模式的乡村产业融合发展行为，故本章将使用 Probit 即概率单元（Probability Unite）回归方法进行研究。本章研究的基准模型如下：

$$RH_i = \alpha + \beta DF_i + control_i + \varepsilon_i \qquad (6.1)$$

公式（6.1）中，RH 是被解释变量，代表新型农业经营主体是否有从事或参与不同模式的乡村产业融合发展行为，若有该行为，取值为1，没有取值为0；DF 是解释变量，表示新型农业经营主体的数字金融使用情况；control 代表一系列的其他控制变量，α 为截距项，β 是核心自变量的系数，ε 为扰动项。根据前述章节的理论推导和调研获取信息的现实情况的分析，若实证回归结果中 X 的系数符号显著为正，则说明数字金融对乡村产业融合发展行为有显著的正向促进作用。本章模型首先采用 Probit 回归得到核心解释变量数字金融的使用对新型农业经营主体是否从事乡村产业融合发展影响的方向，为了进一步探寻相关的传导机制，还将使用工具变量（Instrumental Variable，简称 IV）进行检验和分析。相关变量的描述性统计如表 6.5 所示。

表 6.5　各变量描述性统计分析

变量名	观测值	均值	标准差	最小值	最大值
Y	736	0.432	0.496	0	1
DF	736	0.621	0.485	0	1
sex	736	0.844	0.374	0	3
network	736	0.417	0.493	0	1
edu	736	2.936	1.39	1	7
health	736	4.776	0.574	1	5
age	736	46.31	9.073	20	70
nyjy	736	0.73	0.444	0	1
PX	736	0.776	0.417	0	1
asset	732	12.233	2.869	0	26.022
shouji	736	0.921	0.27	0	1
riskpre	735	2.405	0.98	1	4
JRSY	736	4.463	2.936	0	10

根据表 6.5 的结果分析得出：在研究样本中有近一半的新型农业经营主体已经开展了乡村产业融合发展的相关项目，并且大部分新型农业经营主体的亲戚中有村干部、公职人员和金融行业人员；此外，大部分新型农业经营主体的受教育水平是中专技校和大专高职，其身体健康状况都非常好，平均值为 4.77；而且总体上正值壮年，平均年龄在 46 岁；但相对而言，是否参与培训在地区间有所差异，在四川和湖南的样本中，大部分参加过培训，在贵州和云南的样本中相对较少；绝大部分新型农业经营主体都使用了智能手机，但仍然有部分尚未使用智能手机；而关于金融素养的测评显示，新型农业经营主体的金融素养相差较大，有几乎没有金融知识得 0 分的，也有金融知识相对很好得满分的；在对现有农业保险的了解程

度方面，大部分新型农业经营主体处于正在学习和不太了解阶段。

6.2.3　内生性分析和实证检验

（1）内生性问题讨论

考虑模型 6.1 可能存在的内生性偏误，本研究中逆向因果这一问题的表现为新型农业经营主体的产业融合发展越好，他们可能更愿意使用数字金融去扩展乡村产业融合发展，为此，本研究进一步采用工具变量法（IV-Probit）进行回归。根据工具变量选取的基本条件：一是外生性，IV 变量不会受到系统内变量的影响，或相关影响很微弱；二是相关性，IV 变量要能较好地解释内生变量（Hill et al.，2021）。考虑到新型农业经营主体在具体实践中对数字金融的使用和开展乡村产业融合活动之间可能具有双向因果的内生性问题，并且在参考已有工具变量选择文献的基础上（尹志超等，2019；王永仓 等，2021），本研究选择是否能够使用具有上网功能的智能手机（shouji）作为数字金融使用的工具变量，进行两阶段 IV-Probit 回归分析。原因在于，从理论层面，主要是考虑到工具变量的选取要求；对个体来说，智能手机是使用数字金融的一个硬件条件，并且智能手机作为网络时代新型农业经营主体获取数据信息和金融支持的主要媒介，是否拥有智能手机在很大程度上会影响主体对数字金融使用的选择决策，但是不会直接影响自身的产业融合活动；从计量分析方法上实践，使用工具变量法的前提是存在内生解释变量，因此进行豪斯曼（Hausman）检验，其检验的 p 值小于 0.05，表明使用工具变量后的回归和不用工具变量的原回归不一样，再用异方差稳健的 DWH 检验，结果均显示存在内生解释变量，Kleibergen-Paaprk LM 统计量 p 值为 0.000，表明拒绝原假设即零假设是因为工具变量识别不足，说明本研究选择的工具变量合理，故本研究采用是否使用智能手机作为数字金融使用的工具变量是可行的。表 6.6 为 IV-Probit 工具变量两阶段回归结果，第一阶段为工具变量对自变量的影响结果，第二阶段为第一阶段判定的内生变量对因变量的影响结果，相应的对内生性问题处理后的 IV-Probit 的第二阶段回归结果具体见表 6.7 实证结果的模型 4。

表6.6　内生性处理与工具变量两阶段回归结果

	第一阶段 DF	第二阶段 Y
IV（shouji）	0.101** （0.063）	
New DF		2.024** （0.162）
Wald	5.870**	671.301***
Prob>chi2	0.015	0.000
observations	731	731

注：***、**和*分别代表1%、5%和10%显著性水平；括号内为稳健性标准误。

（2）模型回归结果分析

根据上述对变量的选择，本章实证分析使用数字金融对新型农业经营主体从事乡村产业融合发展的影响，主要利用Probit模型进行分析，并结合工具变量对可能存在的内生性问题进行相应的处理。具体实证回归结果见表6.7，其中模型（1）为基准Probit模型结果；模型（2）为在样本平均值处的Probit模型平均效应；模型（3）为Probit模型的边际效应估计；模型（4）为加入工具变量解决内生性问题的两阶段回归中第二阶段的回归结果，即用第二阶段的拟合值代替可能具有内生性的解释变量。

表6.7　实证检验结果

变量	（1）	（2）	（3）	（4）
DF	0.230** （0.099）	0.090** （0.038）	0.087** （0.037）	
DF+IV				2.024*** （0.162）
sex	−0.079 （0.127）	−0.033 （0.050）	−0.315*** （0.048）	0.009 （0.104）
network	0.397*** （0.097）	0.156*** （0.037）	0.151*** （0.035）	0.121 （0.151）
edu	0.053 （0.034）	0.020 （0.014）	0.019 （0.030）	0.001 （0.033）
health	0.007 （0.085）	0.003 （0.034）	0.003 （0.032）	0.004 （0.066）
age	0.002 （0.006）	0.001 （0.001）	0.001 （0.002）	0.009 （0.005）

变量	（1）	（2）	（3）	（4）
PX	0.078 （0.116）	0.030 （0.045）	0.029 （0.044）	0.017 （0.098）
asset	0.011 （0.017）	0.001 （0.001）	0.004 （0.006）	0.012 （0.015）
riskpre	0.042 （0.051）	0.016 （0.020）	0.015 （0.019）	0.042 （0.045）
JRSY	0.034 ** （0.017）	0.012 （0.007）	0.011 * （0.006）	0.016 （0.017）
Constant	−0.566 （0.577）			−1.785 *** （0.457）
Pseudo R^2	0.406			
Chi-square				671.73
N	731	731	731	731

注：*** 、** 和 * 分别代表1%、5%和10%显著性水平，括号内为标准误。

　　上述回归结果表明：数字金融的使用对新型农业经营主体的产业融合发展起到显著的正向促进作用。Probit 回归模型（1）-（4）的结果均显示，使用数字金融对新型经营主体从事乡村产业融合活动有明显的正向作用，说明在互联网快速发展和数字乡村建设进程中，新型农业经营主体可以通过数字金融进行融资、借贷获得乡村产业融合发展的部分资金支持，是解决农村金融服务"最后一公里"的关键手段，能够有效缓解农村金融不足的制约。此外，通过分析模型（3）的 probit 边际效应结果可知，数字金融每增加一个单位，带来新型农业经营主体从事乡村产业融合发展的概率提升为8.7%。加入工具变量后的模型（4）实证结果显示：新型农业经营主体的数字金融使用对其乡村产业融合活动在5%的显著性水平下有正向促进作用，作用系数为2.024，这都验证了第四章中的研究假说2。在控制变量中，社会网络和社会活动（network）以及金融素养（JRSY）对新型经营主体的乡村产业融合发展也有显著正向影响。健康状况、受教育程度、流动资金情况和风险偏好变量的估计系数为正，这与前述分析一致，即受教育程度高、且有良好人际关系网络及拥有较多的流动资金对开展乡村产业融合发展有正向的促进作用，另外风险偏好更高的主体也会倾向于发展乡村产业融合，但是这几个控制变量在本研究范围期间内却没有显著影响，在一定程度上可以理解为在万物互联网时代，人们获取信息的方式、渠道得到较大丰富，传统的人力资本评判标准已经有所改变，或者说知识、信息等的实践应用能力的作用效果在某些层面已经高于理论方面。此外，参加过培训对新型农业经营主体的乡村产业融合发展活动的影响虽然在本研究期间和样本中暂不显著，但也是正向影响，只是在培训内容或培训方式等方面的针对性与现实需求有所差异。

6.2.4 稳健性检验

为了更加严谨地验证本研究的假设，我们需要进行稳健性检验，本章使用稳健性检验中的改变模型设定形式的方法，即通过将基准回归用的 Probit 模型换成 Logit 二值选择模型，利用改变数据的分布的形式进行稳健性的检验。图 6.4 展示了本章研究中 Logit 模型预测精准度。

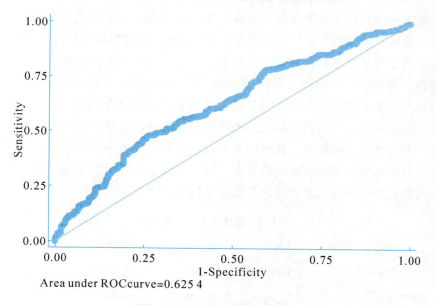

Area under ROCcurve=0.625 4

图 6.4　Logit 模型预测精准度

纵坐标 Sensitivity（敏感性）表示预测正确的概率，横坐标 1−Specificity（特异性）表示预测错误的概率。从图 6.4 中可以看出，ROC 曲线位于对角线的上方，表示预测的准确率大于 50%，即准确率大于错误率。

在稳健性检验中，因为 Probit 模型回归输出主要是对各种响应比例有效值的估计，而 Logit 回归输出则主要显示对变量的发生比的估计，故表

6.8 呈现了稳健标准误（robust standard errors）[①] 的 Logit 模型。表6.9 呈现了 Logit 模型的几率比。

表 6.8 和表 6.9 的稳健性检验结果显示，新型农业经营主体使用数字金融方式这进行融资，更有利于其发展乡村产业融合项目，这进一步证实了使用数字金融服务和产品（DF）的新型农业经营主体更倾向于从事乡村产业融合发展，并且使用数字金融的新型农业经营主体相较于未使用数字金融的新型农业经营主体，其从事乡村产业融合发展的几率会增加约 45.5%。

在控制变量中，有社会网络（network）如有家人或亲戚担任公职人员（包括村干部、生产队长等），以及有家人或亲戚从事金融行业（银行、证券、保险等）的新型农业经营主体从事乡村产业融合发展几率，是本次调研样本中没有相关社会网络主体的 1.90 倍，说明良好的社会网络有助于新型农业经营主体从事乡村产业融合发展；参加了技能培训（PX）的新型农业经营主体从事乡村产业融合发展以及年龄（age）变量在该模型中并不显著。金融素养（JRSY）越强的新型农业经营主体，其利用数字金融赋能乡村产业融合发展的几率相较于金融素养较低的新型农业经营主体更大。稳健性检验中，新型农业经营主体的数字金融使用对其乡村产业融合发展仍然有显著的正向影响，其他相关变量系数方向和大小与基准回归差别不大，总体结果与前述基准回归基本一致，证明了本章节数字金融对乡村产业融合发展微观效应研究结论的稳健性和可信性。

表 6.8　稳健性分析检验结果

变量	系数	标准误	T 值	P 值
DF	0.375**	0.162	2.310	0.021
sex	−0.136	0.208	−0.652	0.513
network	0.644***	0.156	4.130	0.000
edu	0.086	0.057	1.521	0.128
health	0.013	0.137	0.091	0.925
age	−0.003	0.009	−0.331	0.738

---

① 稳健标准误是传统标准误的改进版本，并且当残差是异方差时，稳健标准误的推断是渐进有效的。

表6.8(续)

变量	系数	标准误	T 值	P 值
PX	0.126	0.188	0.672	0.505
asset	0.018	0.027	0.661	0.508
riskpre	0.068	0.082	0.832	0.409
JRSY	0.048*	0.028	1.734	0.083
Constant	−0.910	0.948	−0.961	0.337
Log pseudo likelihood	−482.43			
Chi−square	32.745			
Observations	731			

注:***、**和*分别代表1%、5%和10%显著性水平

表6.9 Logit 模型的几率比检验结果

变量	几率比	标准差	Z 值	P>|z|
DF	1.455**	0.235	2.320	0.020
sex	0.873	0.180	−0.660	0.509
network	1.905***	0.298	4.120	0.000
edu	0.918	0.051	1.540	0.124
health	0.987	0.136	−0.090	0.926
age	0.997	0.009	0.350	0.727
PX	1.134	0.213	0.670	0.505
asset	1.018	0.027	0.660	0.507
riskpre	1.070	0.088	0.830	0.407
JRSY	1.050*	0.029	1.760	0.079
Constant	0.403	0.377	−0.970	0.332
Log likelihood	−482.430			
LR chi2 (10)	32.070			
Observations	731			

注:***、**和*分别代表1%、5%和10%显著性水平

6.3　本章小结

　　本章通过对中西部的实践调研发现，新型农业经营主体逐步成为乡村产业融合发展的主力军和新生力量，并且新型农业经营主体对乡村产业融合发展的积极性很高。但因受限于传统金融不同形式和不同程度的融资约束，其金融需求的多层次、多样化和综合性等要求还不能通过传统金融服务及时快速得到满足，而数字金融的高渗透性、普惠性和边际效益递增性等功能优势，不但有利于解决传统金融的信息不充分和不对称及乡村地区服务成本较高等问题，而且能降低融资成本和难度，弱化传统的金融排斥现象，提升农村金融服务乡村产业融合发展的效率。

　　具体而言，本章对云南、贵州、四川、重庆等西南片区的实地调研问卷数据进行了微观效应实证检验分析，实证结果和稳健性检验均表明：新型农业经营主体使用数字金融对其乡村产业融合发展有显著的正向影响，其原因在于数字金融服务和产品突破了传统金融机构的地理限制和供需双方信息不对称等瓶颈，从而缓解了新型农业经营主体面临的传统信贷约束，并及时有效地满足了新型农业经营主体不同层次的多样化融资需求；使用工具变量后的实证研究结果发现，是否拥有智能手机在很大程度上会影响新型农业经营主体选择使用数字金融的决策。此外，新型农业经营主体的金融素养以及其良好的社会网络关系都能够促进其从事乡村产业融合发展。故我们可以进一步因地制宜地推出政府和传统金融机构合作的乡村产业融合发展相关的数字金融产品，从而有效缓解新型农业经验主体的融资约束，助力其从事乡村产业融合发展。

第7章 数字金融促进乡村产业融合发展的典型案例

前述章节关于数字金融与乡村产业融合发展的理论和实证研究为本章提供了逻辑起点。但如何通过数字金融促进乡村产业融合发展，在全世界都是一个全新且亟待探索的领域。虽然现阶段仍然缺乏可以借鉴的数字金融促进乡村产业融合发展的直接经验和将二者有效结合的理论框架，但中国近年来"自上而下"的顶层设计和"自下而上"的务实探索实践进行了生动碰撞，并逐步形成了具有中国特色的成功案例和中国故事。实践是推进理论发展的根本动力，理论的完善能反过来为实践的发展带来更加强大的动力。因此，在中国乡村振兴和美丽乡村快速生动的实践发展过程中，本研究通过对四川彭州和广西百色的双案例剖析，以点带面，进一步阐述数字金融对乡村产业融合发展的促进作用，并为后续"机制创新"章节的论述奠定鲜活的实践基础和提供生动的第一手材料。习近平总书记强调指出："要学习掌握认识和实践辩证关系的原理""要根据时代变化和实践发展，不断深化认识，不断总结经验，不断实现理论创新和实践创新良性互动"。因此现阶段对数字金融促进乡村产业融合发展的典型案例进行分析和总结，时不我待。

7.1 案例总体情况和研究设计

7.1.1 案例选择背景

《国家乡村振兴战略规划（2018—2022 年）》明确要求："把更多金融资源配置到农村经济社会发展的重点领域和薄弱环节。"2021《中华人民共和国乡村振兴促进法》明确提出要"应当发挥农村资源和生态优势，支持特色农业、休闲农业、现代农产品加工业、乡村手工业、绿色建材、红色旅游、乡村旅游、康养和乡村物流、电子商务等乡村产业的发展；引导新型经营主体通过特色化、专业化经营，合理配置生产要素，促进乡村产业深度融合；支持特色农产品优势区、现代农业产业园、农业科技园、农村创业园、休闲农业和乡村旅游重点村镇等的建设"。2022 年，习近平总书记在中央农村工作会议上的讲话强调，"乡村振兴，关键是产业要振兴。产业振兴是乡村振兴的重中之重，也是实际工作的切入点"，并且要"要依托农业农村特色资源，向开发农业多种功能、挖掘乡村多元价值要效益，向一二三产业融合发展要效益，强龙头、补链条、兴业态、树品牌，推动乡村产业全链条升级，增强市场竞争力和可持续发展能力。"这为乡村产业融合发展进一步指明了方向、提供了保障，同时数字金融的大力支持为乡村产业融合发展的快速推进提供了新动能。

笔者基于近三年来在山西、河南、云南、宁夏回族自治区、广西壮族自治区、重庆等多地的实地调研和农户访谈，通过仔细地分析和选取，并遵循聚焦性原则和典型性原则，选择了地处西南的四川省成都市彭州市，以及广西壮族自治区百色市田东县两个农业特色地区进行深入剖析。其原因主要在于：一方面，四川省彭州市和广西壮族自治区田东县都是国家级现代农业试点试验区，也开展和探索了相应的金融科技、互联网金融实践，在农业农村现代化发展、乡村产业融合发展、数字金融创新发展等方面先行先试，取得了较为成功的经验，具有一定的示范性、时代性和价值性。另一方面，以上所选案例具有一定的特殊性和代表性，即属于位于中西部和少数民族聚集地、耕地面积小且分散、粮食生产不足又以农业生产为主、历史上农业发展相对落后（见表 7.1）。若其能通过相应的政策扶持、数字金融助力支撑和创新机制保障等快速发展壮大，在一定程度上就能更好地激发较为落后的农业地区快速发展的内生动力，进而加快促进乡村振兴的发展进程。

表 7.1 典型案例选取依据和基本说明

案例选择	自然条件	农业发展和主要农作物	历史发展	现实发展
四川省成都市彭州市	盆地，土地利用率好	水稻、油菜籽、蚕桑、柑橘	四川虽是农业大省，但未能成为农业强省。"蜀道难"，物流运输较为艰难	全国统筹城乡综合配套改革试验区；农村金融服务综合改革试点市；国家现代农业示范区
广西壮族自治区百色市田东县	亚热带季风气候区	芒果、甘蔗和香蕉等亚热带农产品	百色起义的策源地，红色革命老区。故涉农基础设施建设薄弱；耕作不适宜生产粮食作物，适宜以芒果、香蕉、西红柿等新鲜果蔬为主的小宗农产品生产	全国农村改革试验区；农村金融改革试点县；国家现代农业示范区

7.1.2　研究方法

关于数字金融的研究国内外处于探索和快速发展阶段。因此，数字金融如何促进乡村产业融合发展也进入了较为关键的时期。但数字金融促进乡村产业融合发展却没有一种固定的和一成不变的模式，因而通过案例分析的方法，找出其成功的规律，有利于进一步用系统性思维加快数字金融促进乡村产业融合发展的步伐，进而实现农业农村现代化的可持续发展，从而为相关领域的实践者和政策制定者提供更多的思路。本研究不但有多学科的理论基础和相应的文献作为支持，而且有较多的数字金融促进乡村产业融合发展的成功实践和典型案例支撑，如国际上韩国的"新村运动"，加拿大的"乡村建设运动"，欧盟的 LEADER 战略框架等；国内的河南兰考模式，成都农村金融综合改革试点发展等。我国首个国家级普惠金融改革试验区河南兰考的数字普惠金融小镇发展态势良好，相关的数字支付示范街和大数据中心等也带来了不菲的成绩。改革试验区和试点区所取得的成就，一方面得益于国家较多的财政和金融投入，另一方面也取决于当地政府、企业和农户等的多方协调配合、通力合作和创新创造。因而为了更进一步讲好中国故事，我们要选择更具普适性的成功典型进行案例剖析，这样才能有效地提炼出其相关规律，并形成可复制、可推广的经验，并且从中分析出其存在的主要问题和面临的现实障碍，以便在其他地区实施时进行预防。

本章对数字金融促进乡村产业融合发展的相关问题进行了分类研究和集中研究，并且依照案例研究的设计和研究方法，遵循案例研究常用的框架检验，即通过外在效度建立一个大概的范畴，利用内在效度检验分析出某一结果产生的条件，并解释相关的因果关系，同时遵循选择的典型案例具有聚焦性、典型性、启示性和普遍代表性等原则，对案例进行实施效果的评价分析，并在此基础上对相应政策进行研究，提出前瞻性的意见和建议。因此，双案例分析比单案例分析更具有说服性、互补性和适用性，更能提高研究的建构效度和分析广度（Yin & Robert，1984；Eisenhardt et al.，2007；Gibbert et al.，2008；毛基业和陈诚，2017；郭笑春和胡毅，2020）。总之，本章基于在实地调研中选取的两个典型案例，利用管理学案例分析的经典方式和方法，对数字金融促进乡村产业融合发展进行了深入的双案例剖析。

7.1.3　典型案例基本情况

（1）四川省成都市彭州市

四川省由于早期农业基础设施建设和物流运输等较为落后，因此，虽是农业大省，却未能成为农业强省，故亟须政策机制保障和金融支撑。全国统筹城乡综合配套改革试验区项目开展以来，成都市在 2007 成为改革试验区之一后，加大了对农业的发展力度和条件支持，促进了传统农业向乡村产业融合发展的新型现代农业生产发展方式转变，因而各类新型农业生产经营主体不断发展，相应的信贷融资需求也变得更加多样化。彭州市是四川省辖 18 个县级市之一，由成都市代管。2015 年成都市又获批开展农村金融服务综合改革试点，因此，其配套出台了《成都市农村金融服务综合改革试点方案（银发〔2015〕215 号）》。随后，彭州市于 2019 年 10 月获批为农业农村部"探索农村互联网金融运用新模式"试点。为了更好地破解农业弱质性和弱商品性的不足，当地建立了"三农"金融支持体系以及财政金融互动系统，并探索建立了"农贷通"平台，填补了金融体系"盲点"，接续了金融服务"断点"。

（2）广西壮族自治区百色市田东县

广西壮族自治区的田东县位于广西西部，在 2021 年前是广西的全国农村改革试验区和农村金融改革试点县，也是国家现代农业示范区之一，其"田东香芒"已获得国家质检总局颁布的国家地理标志产品保护认证；近年来，田东县积极打造"六大八香十亿元"产业集群①，并逐年发展壮大；在2019年年底，田东县成为"农业绿色发展先行先试支撑体系建设试点县"。但从历史上看，广西壮族自治区的田东县早期的发展重心是依靠农业，尽管1950年田东的农业总产值为1 689万元，略低于工业总产值的1 812万元，但由于当地涉农基础设施建设不足，耕作又不适宜生产粮食作物，更适宜以芒果、香蕉、西红柿等新鲜果蔬为主的小宗农产品生产，而鲜果农产品的季节性强、难储运等短板直接导致了农业总产值及收入的降低。特别是1988年其工农业总产值为14 611万元，农业总产值只有6 317万元。究其原因，其中很大一部分是因为当地大多是小农户，其农业产业经营管理发展方式较为落后，尚未形成规模化和标准化的生产模式，同时，当地的产销信息不对称、融资渠道有限、流通环节不畅等加剧了农产品市场的波动性。但是，广西田东县有历史、资源和区位等优势，是中央确定的国家12个红色旅游重点景区之一，也是中国连接东南亚和欧洲的茶马古道途经地和红色基地，当地对推动农产品电子商务发展、探索红色农旅融合发展，利用数字金融的创新产品和服务助力产、供、销、管环节的融资需求极大且极其迫切。

7.2 双案例改革创新的运行机制与对比分析

7.2.1 政府与市场协同完善金融组织体系

四川省成都市彭州市有"蔬菜之乡"之称，是国家现代农业示范区之一，有西部最大和全国第二且年交易额超400亿元的国际农产品交易中心。因蔬菜具有交易量大、对土地要求较高、季节性强和时效性强等特点，所以，农业流通环节对资金的需求呈现出量大、周期短和用款急等特点，而相应的从业经营主体在收购的时候常常面临短期内融资难、慢等问题。为了提高金融服务的可得性，促进农村金融资源回流与优化，当地政府以财

---

① 甘蔗、香蕉、芒果、油茶、蔬菜、畜牧水产基地+香甜芒果、香蕉、香米、香油、香猪、香鸭、香酒和香料八香品牌。

政金融支持政策及风险补偿为核心，引导金融机构加大涉农信贷投放，设立首期规模为 1.7 亿元的"农贷通"风险补偿资金，用于农村产权直接抵（质）押贷款、惠农担保贷款、信用保证保险贷款、农业供应链贷款的风险分担。此外还配套了"农贷通"平台融资贷款项目，即对八大类项目贷款给予贴息；在平台创新方面，当地政府运用"互联网+农村金融"的模式合理配置金融资源，不断优化当地的金融生态环境，搭建了"农贷通"融资综合服务平台，构建了集合政策支持、融资对接、信息共享和风险分担的政府和市场协作的公共服务平台，截至 2020 年，已采集新型农业经营主体信息 1 648 户，采集涉农主体信息 4 874 户、农户信息 39 万多户。①为了进一步通过信息技术带动和优化当地乡村产业、中医药产业和新材料产业等的发展。在 2020 年年底，彭州市人民政府与华为技术有限公司开启了数字经济的合作，即通过在线承保的方式沉淀大量农业保险数据，进一步丰富补充"农贷通"平台涉农大数据，还将中药材保险承保服务纳入村站主要业务；初步形成了政策性农险承保新模式，有效促进了政策性农业保险"增量、扩面、提质"，为数字金融促进乡村产业融合发展提供了先期探索经验和有益参考，有较好的可持续性和推广价值。

　　金融是支持产业发展的重要工具之一，在《2020 年"三农"和县域业务发展支持政策》的基础上，中国农业银行的四川各市分行也响应当地政府的号召，不断推出数字化的创新产品，丰富涉农信贷产品，为乡村产业融合发展尤其是特色产业发展提供所需资金，保障乡村产业融合发展的信贷规模，并且根据后台数据，进一步提升综合服务能力和效率。此外，在政府主导和市场协同下，四川成都的数字普惠金融平台依靠现代信息技术，降低了信息储存、传播和共享的成本，提高了市场信息的透明度。与此同时，政府牵头开展了相应的培育来提高居民的金融素养；并通过建设信用大数据与信用信息中心，将农户、小微企业、规模化生产大农户、农民专业合作社、家庭农场、农家乐业主和电子商务从业人员等信息统一纳入信用体系，从而缓解了金融机构和农户（企业）之间信息不对称的问题，增强了金融机构的风险防控能力。实践证明，基于标准化的流程和准则建设信用信息中心是解决市场信息不对称问题的有力途径；同时，通过平台数据建立信用奖惩机制和农户—行政村—新型经营主体联动评级机

----

① 该部分数据来源于 2020 年农村改革试验区农村金融与保险改革评估验收报告之"四川省成都市探索农村互联网金融运用新模式研究"内容。

制，能够加强信用建设和优化农村信用环境，最终为金融机构提供准确的个人信用信息，提高授信准确率和贷款的可获得性。

总之，坚持政府主导和商业化运作的"双轮"驱动，是传统农村金融向新业态转变的创新尝试，并且因为其覆盖能力较强，故能向互联网基础设施建设程度较好的周边城市扩散。因此，我们应当给予其必要的技术支持并进行成功经验推广，这对于我国农村地区数字金融组织体系的建立和完善意义重大。

7.2.2　征信大数据和农村数字金融的有效结合

广西田东县首先建立了一套信用评价体系，即通过入户调查等方式，并通过综合计算村民的年龄、信用违约记录、家庭净资产和社会网络关系等指标，将村民的信用等级分为 A/AA/AAA 三个等级；其次由政府主导成立助农融资担保公司并升级融资担保体系，如，建设完善形成了集信用、支付、担保、保险和服务为一体的金融多元发展模式，并在信用和担保等保障的基础上，进一步利用大数据和互联网等信息技术优化数字金融平台，激发了当地金融机构服务"三农"的内生动力。此外，当地财政还出资设立相应的贷款风险补偿基金，即基于农业的特殊性，对自然风险、市场风险等不可控因素导致的不良贷款进行补偿，降低金融风险对农户与金融机构的冲击。为了推出更多支持乡村产业融合发展的金融类产品和服务，并且防控可能会产生的金融风险，田东县采取了多项措施扩展金融服务边界，提升金融服务效能。其中 2012 年成立的田东县农村产权交易中心就是重要支撑保障，其服务范围包括发布林权、生物资产、金融资产和农业生产设施等信息，并可在线上线下进行项目投融资、交易抵押和农产品营销等。同时，由田东县政府牵头，各产权主管部门、农村产权交易中心和各类型金融机构等配合组建的"农村产权交易流转监督委员会"，有效解决了供需双方信息不对称的问题；在为农村产权流转提供平台的同时，为工商资本和农村产权搭建了桥梁；并通过引进有资质的第三方专业资产评估机构入驻，明确各方职责，协同解决了产权流转和抵押过程中产生的问题，进一步畅通了农村资产评估和抵押通道，提升了资产的保值和增值空间，保障了贷款安全。

因此，近年来田东县通过建立国家农村产业融合发展示范园等项目助力产业的现代化发展和产品结构的转型升级，并且通过乡村产业融合发展促进产业体系的升级取得了良好的成效。如，通过香港巨人园果蔬深加工项目等建设了农产品加工和物流产业园区；利用电子商务带动当地芒果的线上销售，促进了一二三产业融合发展；尤其是通过基于芒果、香蕉等经济作物的农业采摘和休闲农庄等休闲观光农旅融合项目激发了农民的内生动力。另外，随着田东县特色产业的不断发展壮大，该县还推出了乡村产业融合发展的相关项目，如先后出台了《田东县旅游发展总体规划》以及"芒乡红城四基地"等农文旅融合发展的规划；并且随着城乡商贸物流业体系的建立和推进，相关的快递物流公司发展迅速，截至 2020 年年底，全县已建成了标准农家乐店约 140 家。同时，为了更好地满足"三农"领域的融资需求，田东县实施了"引金入村"工程，即支持桂林银行等金融机构开展"农金村办"，并通过建设数字金融服务平台和农村普惠金融综合服务点，将乡镇一级银行服务与村集体组织结合起来，让金融服务落实到村到户，为乡村产业融合发展注入了新的动力。

综上所述，在乡村产业融合发展的进程中，成熟型农业经营主体和服务主体因为有较好的信用和经营条件，其融资难度与成本较低，故比较容易从金融机构贷到所需款项。但对于新型农业经营主体和服务主体来说，其融资需求旺盛，但因缺乏相应的正规抵押物，故难以从银行贷到大笔的资金。为此，田东县开发了的农业设施登记抵押担保融资等新方式为其缓解融资需求，即通过形成"村级综合服务中心加就业、社保、教育、卫生、文体、法律和金融七项服务"的"1+7"村级综合服务，让农户和新型经营主体能够以更便捷的方式获得所需贷款。与此同时，田东县依据政府征信和信用为主的小额贷款+抵押为主的大额贷款相关原则，通过与银行等金融机构进行合作，扩大数字金融的普惠贷款覆盖范围和数据搜集范围，借助征信大数据探索出了数字金融促进乡村产业融合发展的新模式。

7.2.3 双案例个性分析

（1）四川省成都市彭州市运行模式分析

在金融供给方面，四川省成都市彭州市为了更好地盘活当地的资产和资源，建立了农村产权流转服务体系；为了解决涉农从业经营主体的融资需求，其以政府主导的一体化工作推进机制为保障，构建了多维度政策支持体系；为了满足多层次农村金融组织的多元化农村金融产品需求，其利用互联网信息技术搭建了集政策咨询、产权流转、主体信息和金融供需信息对接为一体的"农贷通"金融综合服务体系，以及相应的涉农信用信息服务体系。自 2016 年，彭州涉农贷款余额增速开始反超各项贷款余额增速，2016—2019 年涉农贷款余额年均增长率为 14.19%，是"农金改"之前的 2.25 倍，故经综合测算，对金融供给方而言，其通过收集乡村产业生产经营的主体信息和产权信息，提高了其审贷效率，因而贷款效率可以提升一半以上；并且通过金融创新产品和服务，有效解决了金融机构商业经营可持续性和社会服务普惠性难以兼得的矛盾。对于金融需求方而言，通过政府市场和机构的合作不仅解决了以往金融服务无法到村的困境，有效缓解了传统的金融排斥，而且降低了交易和运营成本。

在金融产品创新方面，当地还通过成立农产品金融仓储公司和农村产权评估公司，创新推出了"农产品仓单质押融资"项目，即通过构建蔬菜、果品等农产品的仓储管理体系，形成了标准化的金融产品，有效解决了金融供给方"不敢贷"和需求方"贷款难"的问题。我们在实地调研中发现，截至 2020 年彭州市仅通过"果蔬贷""安置贷""随贷通""惠农种植贷""专业合作社贷"等金融创新产品就累计发放贷款 10 亿余元。因此，当地的产业发展主体和农户大都认为相关的信贷产品种类丰富。但经过深入的调研却发现，当地乡村产业融合发展的信贷资金约只占农业产业链资金（产前、生产和流通为主）的 9%，故相应需求方认为，还需要推出更多项目，并依托大数据和金融科技拓宽抵押物种类，完善担保业务并提升融资效率。

（2）广西壮族自治区百色市田东县运行模式分析

一方面，广西壮族自治区田东县政府依托金融科技，以信用建设为核心，搭建数字金融服务平台，突出建设平台门户、信用大数据和金融超市三个功能，实现了信用、贷款和支付的有效融合，整合提升了农村金融服务，增强了金融服务农村的能力。另一方面，田东县通过建设数字金融服务平台，将数字金融普及至村、户、人，提档升级组织机构体系、农村信用体系、支付结算体系、保险保证体系、抵押担保体系以及村级服务体系六大体系，推进信用大数据和"六合一"农户信用信息系统的有效结合，助力农业设施登记抵押担保融资试点试验顺利展开，进而提升了城乡金融服务"均等化"水平，降低了风险甄别和管理等成本，提档升级了各项金融服务。如，从 2019 年开始，田东县进一步推进村级金融服务"标准化"，推广"工作制度+服务岗位+服务专员+服务平台+支付系统"五合一工作模式，实现农村金融服务的升级；通过村站建成了"一战多能，一网多用"的线上线下综合平台；进一步推动建设了农村金融"六大体系升级版"。在此基础上，进一步推进社会信用体系的建设，优化其信用系统60多项指标，录入了8万多户约35万人的信用信息①，建立了广西首个信用信息中心，还依托其产权信息交易中心，共享信用信息等，拓展农企仓库、农业生产基地、农业产品和生产设备等的使用权和经营权为抵押物，体现了金融的普惠性和包容性，促进了城乡金融服务均衡化，为县域经济提供了金融支撑。

（3）双案例特征分析

总体而言，广西和四川的数字金融对乡村产业融合发展的典型案例各有特色（见表7.2）。对于四川省彭州市这一案例而言，其个性特征主要表现为：一是以需求为导向，以数字金融产品创新为桥梁，进而搭建相应的数字金融平台实现信息共享和互联互通。二是主要以政府和市场双轮驱动的方式进行多方合作运作，即联合农村产权交易公司、保险和银行机构、乡村电子商务、益农信息服务社和四川银联等进行多样化的合作。三是在产品创新中，其以较为有特色的农产品仓单质押融资所囊括的风险保障、强制平仓、价格推送、仓储服务、价值评估、提前解质、仓单置换、财政支持、巡查和保险这十大机制为代表。四是结合"农贷通"平台所拥有的"三农"大数据，进一步增强了其金融服务的获得性，对乡村产业融合发展的主力军即新型农业经营主体实现了有效增信。

表 7.2 双案例运行模式简析

案例地点	案例模式	运行方式	影响效果 （截至 2020 年年底）
四川成都 彭州	互联网+农村金融的"农贷通"融资综合服务平台	政策支持、融资对接、信息共享、风险共担的政府和市场协作的公共服务平台	该平台已采集新型农业经营主体信息 1 648户，采集涉农主体信息 4 874 户、农户信息 39万多户，入驻金融机构84 家，发布金融产品709 个，累计放款14 837笔

---

① 该部分数据来源于 2020 年农村改革试验区农村金融与保险改革评估验收报告之"广西田东县探索农业设施登记抵押担保融资方式试点"内容。

表7.2(续)

案例地点	案例模式	运行方式	影响效果 （截至 2020 年年底）
广西田东 百色	政府银行合作征信大数据共享建立的"村级综合服务中心加就业、社保、教育、卫生、文体、法律、金融七项服务"的"1+7"村级综合服务	群众通过扫二维码就能浏览和使用普惠金融服务；方便快捷且高效，小额支付全村覆盖；乡邻小站的数字村长是当地人，线上线下信用评级相结合，更可靠	全田东各项存款余额 147.54 亿元，其中涉农贷款余额 97.29 亿元，约占 76%。通过互联网咨询信贷业务的有 4 万多人次，相关企业、合作社、农户对接银行机构获得贷款 120 多笔 3 600 多万元
双案例的 共同点	政府主导-市场协同；自上而下和自下而上结合		

而广西壮族自治区田东县的个性特征主要表现为：一是依托政府的主导，将征信大数据和农村数字金融相结合，建立了集多层次金融组织、农村信用征信、支付结算、保险保证、抵押担保和村级服务这几大体系于一体的综合数字普惠金融体系。具体而言，当地依托信用大数据建立的信用信息中心，不仅能让需求方实时查看个人信用并自主增信，而且能直接对接农民专业合作社和中小微企业等的信息数据端，通过和涉农银行、保险、担保公司等的多方合作，并且利用当地特色的"数字村站"使信息得到有效传递和反馈，从而为线上线下的信贷需求提供有效快捷的匹配。二是田东县的数字村站站长大多是本村的老百姓，因其对当地各家各户的了解非常深入，并且有独特的社会网络，从而为数字普惠金融在当地的发展壮大添加了独特的防范风险保障。

7.3　双案例可复制可推广可借鉴的主要经验

四川彭州市和广西田东县都是通过技术驱动和创新驱动，通过政府的有效引领、市场的配合以及基层数字村站的建设，构建数字金融服务体系的应用场景与优秀村站服务的迭代示范，进一步突破当地担保、抵押和信用等环节的传统难点，能进行供需有效匹配，并利用"农金村办"助力数字金融充分发挥其对乡村产业融合发展的促进作用。因此，通过平台创新、政府和市场结合的方式优化金融生态外部环境，金融科技和数字金融能发挥其时效性、普惠性和精准性等特征，具有促进农村产业融合发展的作用，并且在四川彭州市和广西田东县取得了良好成效，形成了可复制、可推广和可借鉴的主要经验。

7.3.1　政府主导，多方协作，搭建普及到户的数字金融平台

有效市场和有为、有限政府的良性互动与有机协同才能提高效率（Rutton，1978）。新中国金融体系的成功发展有赖于政府的主导、市场的参与及自上而下和自下而上的不断创新；中国农村数字金融的快速发展也得益于国家政策的大力支持和相应资金的大量投入及基础设施的不断完善。特别是政府主导和市场协同相配合，建立了普及至村、户、人的数字金融服务平台，打通了数字金融服务乡村产业融合发展的"最后一公里"。如，四川彭州市的"农贷通"结合当地政府在其 324 个行政村建立的村级金融服务站，实现了产权交易、农业保险、产业融资对接等多种数字普惠金融的业务和服务下沉，破解了信贷下沉的难点。该村站的"政府+市场化"运营模式为当地新型农业经营主体提供了"大园区+多业主"生产经营融资、仓储金融、农村电商等服务，通过线下村站在推广、宣传、风险查勘等方面服务优势，让金融意识和信息化素养较低的农户也能获得相应的平台服务。与此同时，彭州的线下村站注重多方合作，并且聘请了专职金融服务联络员对村站的运营进行指导和维护，并能帮助当地村站与地方政府和人民银行还有成都金控征信公司等主体进行有效对接。又如，广西田东县政府牵头，各产权主管部门、农村产权交易中心和各类型金融机构等配合组建的"农村产权交易流转监督委员会"，有效解决了供需双方信息不对称的问题。与此同时，为了激发当地金融机构服务乡村产业融合发展的内生动力，政府主导成立了助农融资担保公司，升级了融资担保体系，建设完善形成了集信用、支付、担保、保险和服务于一体的金融多元发展模式。

7.3.2　数字金融服务下沉，推出多样化的数字村站金融产品

"数字金融"主要包括银行金融服务、数字资本市场服务、互联网保险等借助数字化技术和互联网平台进行的资本融通与市场交易的服务。数字金融服务和业务的下沉，有助于数字村站金融产品的标准化及多样化发展。如，广西田东县在村级公共服务平台的基础上，完善金融服务岗牌、

人员、制度，把农村金融服务融入村级综合服务中心项目，改变过去"三农金融服务室"占用村级本就有限的办公场所的状况，通过线上和线下相结合的方式，既有利于发挥互联网和数字金融产品全面、服务精准、风险控制和资源整合等优势，又有利于通过线下的数字村站进一步进行跟进，并利用人缘地缘优势形成多元化和可持续发展的金融服务体系。对于其他可效仿的地区而言，其应当运用大数据技术实现涉农信用信息、资金供需信息、抵押担保信息、产权确权与流转信息、逾期贷款信息等相关数据的动态分析与实时管理。又如，田东县的"农金村办"完善了信用评级机制，优化了信用评级问卷内容，采用线下线上有效结合的综合信用评级方式获得良好效果。此外，各地区还可以使用区块链等技术在同步共享的基础上实现数据溯源与防篡改，确保数据安全，实现农户、新型农业经营主体、涉农企业、金融机构、政府部门、金融监管机构等多方的互动互联和信息共享，进而在解决融资难、贵、慢的同时，通过村站等确保数字金融的风险防控，实现村站金融产品对乡村产业融合发展的有效促进作用。

7.3.3 利用人缘地缘优势形成可持续发展的金融征信和服务体系

研究证明，在空间维度上，数字金融能够促进资源的有效配置；在时间维度上，其能解决跨期不确定性；尤其是数字金融产品和服务的普及不仅能使财富的获得机会更加平等，能直接提高金融服务的可得性，降低金融交易的成本，还能间接缓解信贷约束、降低农户融资的门槛。因此，数字金融将为实现农业农村现代化发展插上腾飞的翅膀，这也充分证实了本研究前述章节中的研究假说3。特别是利用人缘地缘优势形成可持续发展的金融征信和服务体系，并运用大数据技术实现涉农信用信息、资金供需信息、抵押担保信息、产权确权与流转信息、逾期贷款信息等相关数据的动态分析与实时管理，有利于推出适合当地乡村产业融合发展的标准化、多样化的金融产品，促进产业兴旺。如，无论是四川省彭州市，还是广西壮族自治区百色市田东县，从分析中都能发现数字金融对乡村产业融合的促进作用，首先，数字金融中的网络借贷依托网络技术实现借贷双方的供需匹配及资金交换，有效突破了地域限制，扩充了农村资金来源，扩大了信贷覆盖面，从而解决了农村产业发展主体的信贷约束和农村"融资难、融资贵、融资慢"的问题。其次，数字金融的大规模应用也会带来更多的新的金融服务模式，进而降低了供给方的运营、风险管理、甄别和交易成本。最后，数字金融会产生"鲶鱼效应"，促进传统金融机构转型升级，提高和优化相应的服务质量，进而提升金融服务"三农"领域的效率。因此，用数字金融赋能和促进乡村产业融合发展，能以更低的成本解决"融资难、融资贵、融资慢"的问题，更能在"大国小农"的情景下走出中国特色社会主义的乡村振兴道路，也更能发挥数字金融服务"三农"的公平性、普惠性和共享性等作用功能。

7.4　双案例可持续发展亟待解决的问题

中国的实践先于理论的创新，因而通过较为丰富和有代表性的案例分析所获得的经验和规律能够加快各地通过数字金融促进乡村产业融合发展的步伐。但是我们在实地调查的过程中，以及对运行规律进行深度剖析和总结后，发现了双案例若要实现可持续发展还存在一些现实障碍。

7.4.1　数字征信有效覆盖面亟需拓展

当前，"三农"领域的数据不仅量大种类多，而且由于缺乏统一的标准，从而导致许多核心数据尚未收集或一些数据质量欠佳。同时，企业所收集的农业大数据仅是局部范围的，政府收集的数据也缺乏标准化，部分地级市和县在数据采集方面有一些无意义的重复性劳动工作，导致相关信息数据并未形成有效的互联互通，未能形成一种有效的整合，数据利用率较低。此外，对于正在进行数字化转型的金融供给方，其应如何加强数据获取开发应用能力，并使分散的数据资源得以整合共享，从而充分发挥数据作为核心要素的作用；相应的标准制定和法律法规该如何健全等。这些现实障碍都亟待解决，以保障数字金融在促进乡村产业融合发展时更好地发挥作用。

如，截至 2021 年年底，广西田东县依托"田东县数字金融服务平台"已基本建成农户信用信息系统，但仍存在征信覆盖范围较窄、信用评级方式待改进等问题，其需要进一步加强信用信息采集与统计工作的主动性，充分发挥"农金村办"和"村站"的组织功能，充分运用金融科技挖掘农户、新型农业经营主体以及涉农企业等主体的信用信息，进一步丰富涉农信用信息库。再如，成都市"农贷通"平台上线已久，目前平台虽已初步建立起全市涉农信用信息数据库，但更多涉农数据散落于市级及其区（市）县相关部门与机构，数据维度与丰度仍显不足，难以为金融机构提供信贷支撑

7.4.2　数字村站收费及监管方式不够明晰

四川省成都市彭州市的数字村站和企业、政府、金融机构等各方的移动互联，能够降低客户信息获取成本和风险甄别成本，但同时其也应提升村级服务站的公共属性，对不合理的跨行收费进行有效调整和监管。又如，广西壮族自治区百色市田东县鼓励各银行的自治区分行对县内分支机构下放创新权限，虽然金融机构和村级服务站能够发挥自主创新权限大、熟悉本地实际情况的优势，但相应的收费和监管方式还不够明细，需要合理提高金融产品对贷款容忍度，在贷款额度、人员经费等方面给予政策支持，增强对分支机构参加登记抵押担保融资试点工作的业务指导，提高金融服务质量。

7.4.3　多元化的投融资体制机制尚未形成

当前，对于小农户和新型农业经营主体的培育经费投入主要来自于政府的财政支持，社会资本投入很少，未能形成多元化的投融资体制机制，尤其是针对乡村产业融合发展所带来的新的资金需求的投融资体制机制支撑不足。此外，金融支持新型农村集体经济组织也存在一定障碍。如，伴随乡村振兴战略的推进，各地都在鼓励引导农民成立集体资产管理公司、土地股合作社等新型农村集体经济组织，但通过对成都市彭州市的实际调研发现，只有部分银行的相关贷款办法明确新型村集体经济组织可以为主体给予贷款支持，其他银行机构的产品基本只能以其法定代表人个人为贷款主体，这也从侧面表明关于农村集体经济组织相对应的金融产品的创新开发还不够，尚不能满足农村集体经济的融资需求。

7.4.4　人才保障的配套支持措施尚且不足

在数字金融促进乡村产业融合发展的进程中，对相应的生产经营主体进行培育，积累相应的人力资本、吸引更多的有志有识之士返乡等也是十分重要的环节。但是我们通过对典型案例的分析，发现存在如下问题：第一，农民的金融素养和金融能力水平较低，现有关于提升其金融知识和技

能的培育严重不足，这会使其在进行经济决策、积累财产、投资理财、防范化解风险等方面受到一定的限制。第二，在农业社会化服务体系中，相应的人才保障配套措施还不够，导致部分接受培育后成为现代高素质农民的人才依旧选择离开乡村，这影响了农业农村现代化的发展速度。第三，在即将到来的全球性农业科技革命中，严重缺乏具有国际化视野的现代农民，而现有培育体系中也几乎没有关乎此的培育内容和方案，这也制约了中国农业国际竞争力的提升。第四，由于缺乏相应的知识和针对性的数字化培训，有些地方已经出现了新的"数字鸿沟"，如何建立健全具有数字素养的农业人才培训体系，培育更多的复合型人才，并且留住返乡创业人才是当前亟待解决的问题，故我们需加快建设培育高素质农民体系的培育体系。

7.5　本章小结

中国的数字金融促进乡村产业融合发展是实践先行，缺乏探索性的规律分析以及对典型案例经验的比较分析。为了进一步形成可推广、可复制的经验，加强对典型案例的总结分析十分紧迫，尤其是需要基于跨学科的综合视角，对不同地区的不同经验展开同质性和异质性的分析。在中国的改革和实践发展过程中，从局部的试点、尝试到更广阔层面的推行和普及，可以看作是经济学中的市场均衡问题。只在几个地区的改变和尝试虽然能改变局部均衡，但只有当可控且有效的项目大规模实施后，才能优化和改变整个市场。同时，随着乡村产业融合发展进程的加快、新型农业经营主体经营范围的拓宽，除了传统的金融产品和服务外，部分合作社和家庭农场对保险、期货和担保融资等多层次金融产品和服务的需求有所增加，涉农企业对投资理财服务的需求也日益增多，此外，许多种养殖大户在从事一二产融合如加工物流业，一三产融合如休闲康养旅游业时，在利用数字惠农产品进行融资和使用平台金融等服务时出现了更加多样化的新型需求。这些都亟待学者们基于中国实践和探索给予理论探索和回答，并在总结归纳中国智慧和中国力量的基础上，讲好中国故事，丰富中国特色理论。

总之，本章通过实地调研，对数字金融促进乡村产业融合发展的中国实践进行了双案例分析。研究发现，数字金融能够优化资源配置，有利于缓解传统的金融排斥，打破了信息不对称的难点，实现了自我的更新迭代，提高了风险控制能力，并通过数据这种新型的先导生产要素对其他要素进行赋能和增效，进而促进了乡村产业融合发展。同时，中国将政策试验、实施和基层自下而上的创新实践相结合，通过政府和市场的有效结合不断调整其体制结构，以便适应国际和国内的环境变化。正是这些系统性的治理能力升级从根本上改变了中国发展的路径，从而大大提升了我国的经济效益和经营成果，为世界提供了较为典型和普遍的通则和理论，为解决社会问题和提升人类的福祉提供了中国方案。但通过对典型案例的深入剖析和总结我们发现，我国要实现农业农村的现代化，需要改进的问题还很多。本章通过对这些障碍进行总结，以期为未来改进的方向和相应的机制创新提供思路。

第 8 章　数字金融促进乡村产业融合
发展的机制创新

新中国农村金融体系的发展基本是由政府主导自上而下进行的。中国农村数字金融的快速发展也得益于国家政策的大力支持和相应资金的大量投入以及基础设施的不断完善。但就中国现实发展而言，目前还面临着多元化的投融资体制机制尚未形成，数字人才和高素质创新型人力资源依然缺乏，人才保障的配套支持措施尚且不足，征信大数据体系的有效覆盖面还须拓展，数字金融行业秩序规范化程度不足等现实障碍。故本章在前述章节理论分析、宏观效应实证、微观效应检验以及对中国农村金融改革试验区典型案例剖析的基础上，对加快数字金融促进乡村产业融合发展进行了全方位、多层次和系统性的机制创新探索。

8.1　多元协同金融生态建设机制创新

随着科技的发展，特别是互联网对各行各业的快速渗透，农业生产和销售等也随之发生了较大的转变和进步，"三农"领域的金融需求也在动态中不断寻求着平衡和发展，因此我们需要以市场化为导向，政府主导，多方协调，形成良好的中国农村金融制度、组织、市场和生态体系，进而缓解城乡二元金融结构的矛盾，更好地满足农户、新型农业经营主体等的融资贷款需求，同时更好地促进乡村产业融合发展和全面乡村振兴。

8.1.1　构建政府、银行、担保公司等金融机构多方支持机制

党的十九届四中全会对中国金融制度建设提出了"健全具有高度适应性、竞争力、普惠性的现代金融体系"的要求。因此政府、企业和金融机

构等须协调发力，进一步加大力度拓宽和推广数字金融的覆盖范围和影响深度，进一步提升金融服务的可得性，充分发挥数字金融对促进乡村产业融合发展的积极影响作用，并利用数字金融的可得性和便利性，完善数字金融助农生态圈，实现各方互补的全功能作用的发挥。即加快"三农"金融服务的数字化转型，利用数字金融的技术扩散效应，鼓励传统金融机构开展数字金融业务，利用数字技术进行转型升级。而且随着《推进普惠金融发展规划（2016—2020 年）》的收官，以及近年来金融科技的飞速进步，农村普惠金融服务体系得到了完善优化，如，中国多地推出了银、担联动，"银、政、担"协同等多种风险共担、利益共享的合作机制，力图为农业政策性担保提质增效。但只有金融服务产品的支持还不足以长久维持乡村产业融合发展的可持续性，因此，政府、银行、担保公司等各主体之间仍需要强化协同推进的合力，不能让"银、政、担"支农扶持单纯地停留在风险和投入分摊阶段。此外，由于支持乡村产业融合发展的政府、企业、监管部门、银行和融资担保等各类金融机构的作用虽不尽相同，但也相互依存，因而我们需要建成一种良好发展的金融生态圈，即建立多层次、多样化的金融服务体系，并且提供差异化和多层次的金融供给服务。

8.1.2　引导社会金融化促进城乡之间要素互动长效机制

所谓社会金融化是指金融的要素和逻辑与社会的发展进程相互渗透，且不断动态融合的过程和趋势，即社会金融化包括金融和社会的双重属性，金融逐步承担起更多的社会责任，社会也需要金融体系的广泛参与来进行资源优化配置，且两者相互促进和发展。具体而言，社会金融化一方面包含社会的公平性和包容性，另一方面包含金融跨时间、跨空间的效率性和服务性。其主要表现为社会的资源配置、战略发展、生活生产、文化交流等与金融的功能工具、基础设施、配置效率、制度调控等不断互动整合并协同发展的过程。而且随着社会、经济、金融和科技等的发展和融合，社会金融化能够更好地突破地区部门间的资源限制，促进要素的流通，并不断创新激发出新动能和新业态（温涛和陈一明，2020）。可以说，社会金融化揭示了金融与社会发展到一定阶段后的基本趋势、客观规律以及进步的内生动力，即社会金融化能更具包容性和时代性地解决不断变化的现实问题，城乡融合发展既是"稳增长、调结构、转方式、惠民生、提质量"的重要抓手，也是解决"三农"问题的根本途径。因此，数字金融的发展不仅能够弥补传统金融机构的不足，还能基于数字资源创造出更多的新场景，通过发挥数字金融的普惠性和共享性等作用功能促使社会金融化的发展。总之，社会金融化能进一步增强数字金融的供给能力，为乡村产业融合发展提供动力和支持，从而进一步推动城乡间的要素和资源自由有效的配置流动，加快推进城乡融合发展的进程。同时，社会金融化亦能提升时间和空间上的资源配置效率，社会各界的广泛参与也能重塑金融创新发展的格局，为我们塑造一个更加和谐公平的世界。

8.1.3 建立多元金融行业产品协调配合机制

建立支付、信贷、保险、理财等多种金融服务融合的金融生态体系必不可少。如具有价格发现、规避风险、投资生财等功能的期货市场，其期货契约（futures contracts）不仅包含金融期货（financial futures），还包括商品期货（commodity futures）。许多农业发达国家的农产品期货市场发展较好，这在一定程度上带动了当地的乡村产业融合发展，因而中国也可以探索发展多层次、多样化的农业期权期货市场、农业保险和产业基金等多元金融行业产品协调配合新体系。中国部分试点地区已进行了一些尝试并取得了不错的效果，通过"订单+期货+保险"的方式是未来的重要发展方向之一。此外，我们要积极引导金融机构的数字金融产品和服务在农村产权抵押贷款利率、期限、额度、担保、风险控制等方面加快创新进度，简化贷款流程，除了为新型农业经营主体提供更多样化的产品之外，还需拓宽小农户的融资渠道。同时，积极开展涉及林权、农房、土地经营权和农地附着物等的担保信贷产品创新，全面盘活农村"沉睡"资产，为新型农业经营主体增信。为此，农业担保公司也要充分利用大数据、信息技术等创新担保方式，降低运营风险和管理成本，结合新型农业经营主体和小农户的多样化需求对现有产品服务和担保机制进行调整，并通过加强行业内交流和定期组织培训学习，推广成功经验。与此同时，为进一步拓宽数字金融、数字保险、数字担保等的覆盖广度，各地政府不仅需要组织相应的培训让乡村产业融合发展的经营主体了解并能熟练使用相关数字金融的产品，拓宽其融资渠道，进而解决融资难、贵、慢的问题，而且也需要简化数字金融产品操作步骤，使其在操作使用上更加人性化和便利化。

8.2 人才培育机制创新

农业是国民经济发展的基础，农村是农业升级的重要依托，农民是农村进步的重要支撑。人是生产力要素中最有创造性的因素，高素质农民是乡村振兴的主体，因而我们需要借助高素质的人才去助力各类要素的应用和融合，并使其转化为新的生产力。

8.2.1 完善多渠道培育高素质农民的引领机制

在数字金融促进乡村产业融合发展的过程中，种养殖大户、家庭农场、涉农企业、农业合作社等新型农业经营主体是从事乡村产业融合发展的主力军，同时也是数字金融的需求方和使用方。只有加快培育适应新时代农业农村发展新趋势的高素质现代化人才，才能满足乡村振兴战略的需求。我们可以集结全国各地优秀的涉农企业家、本土农业专家和高校科研院所的专家教授，汇集教育、科技、司法、工会等部门的专业人士对农民进行综合培训，并逐步形成部门负责、市场导向的培育新形式。其中，不同的师资方需明确各自多元化培训发展的目标，切合实际地对现代高素质农民进行培育；进行跟踪培育，将现代高素质农民纳入相应的人才库，推动形成终生学习的网络组织体系，不断激发其学习的内生动力。

8.2.2 优化多层次线上线下产业人才的培育机制

由于现代高素质农民所涉及的类型较多，范围较广，所以针对其的培育的类型应该是多元化的，培养的方式应该是多角度和多层次的。以往对传统农民的农业技能课程主要是靠各个乡镇的专业技术人员进行培训，未来除了传统的教学方式外，各地还应该充分利用数字经济平台、网络云课堂、在线直播、可视化技术等（远程教学平台）进行线上线下"一体化"等互动，发挥"互联网+"具有的不受地域限制、覆盖面广的独特功能和优势，由单一式的培育方式向复合式的培育方式转变。特别是随着信息技术的发展，手机使用的普及，在这个万物互联的新发展阶段，线上互联网课程给现代高素质农民的培育带来了前所未有的机遇。因为就信息数据的生产环节而言，储存在线上平台的数据有"可再生性"和"规模效应"的特征，并且不同的互联网平台、手机 APP 和社交软件都可以对同一信息进行搜寻和发布，突破空间和时间的限制，降低成本，更好地满足供需方的需求；就使用效率而言，线上的数据和信息传递具有"非竞争性"，线上的知识被第一个使用者获取后，并不妨碍第二个使用者继续学习，因此通过线上资源共享，能突破时间和空间的局限性，不仅能拓展受教育者的视野，扩宽其学习半径，而且有利于促进"政产学研商"多位一体的智慧农业发展。因此，搭建和优化线上线下人才培育体系，是促进乡村产业融合发展的关键举措，也是数字乡村发展的不竭动力。

8.2.3　加快培育提升产业人才的金融素养和金融能力

现阶段的金融教育不足，导致许多从事乡村产业融合发展的主体所具备的金融技能知识、金融风险责任意识十分薄弱，这制约了新型农业经营主体和涉农从业人员对生产要素资金投入的合理配置的判断，也阻碍了其进行理性和高效金融评估的决策。因而政府要加大对高素质农民群体的金融能力培育，在投资、借贷、风险防控、个人金融规划、创业资金分配等方面加大宣传教育和培育，特别是要加强有关互联网支付、借贷、众筹、理财等产品的基本概念知识教育，培养其数字金融思维，提升其在金融市场中参与决策的判断和认知能力，进而达到既治标又治本，实现自身可持续发展的目的。为此，政府可以通过多种手段和方式加大对相应人群进行金融知识的培育，如通过线下授课、互联网课程、微信小程序和抖音直播等进行金融知识的培训，针对不同地区和不同金融水平的群体设计不同的金融素养提升培育内容。金融素养包括个人拥有的金融知识、金融技能、金融经验和金融能力，这些要素有利于新型农业经营主体提升其控制风险的能力，也有助于其拓展借贷渠道和尝试新型金融产品及方式，并且具有金融素养的人做出的金融决策也会更加合理。各地亟待通过对新型农业经营主体等的培育，造就一批懂乡村产业融合发展也具备良好金融素养的农业人才。

8.2.4　建立基地-平台-联盟等多位一体的联动机制

一方面，在传统的线下培育基础上，利用信息化技术与相关的企业进行合作，着重加强在电子商务、品牌推广、产品营销和数据分析等方面的线上培训，不断开阔乡村产业融合发展经营主体的视野；另一方面，通过相关平台建立完善现代高素质农民培育体系，既可以借助平台等对市场、产品、技术等进行信息搜集，与全国各地的农业专家、同行进行交流、答疑解惑，还可以通过在线跟踪、数据云共享等方式使现代高素质农民培育在实践过程中不断创新，使其成为职业化和高素质的现代农民，并将这部分现代农民纳入人才储备库。此外，还要充分利用社会网络效应，发挥以点带面、点面结合的辐射性培育效应，并且通过各地上传的优秀现代农民信息，进一步筛选出一部分在未来更有潜力成为引领者的现代高素质农民，并对其进行订单式培养，从而让技能培训更具针对性，更有实效性。通过建立基地-平台-联盟等多位一体的联动机制，邀请企业、农业科研院校和电商物流大型公司等直接通过线上网络课程、在线直播等培育乡村产业融合发展的经营主体，提高资源利用效率，进而提升新型农业经营主体未来面对国内外市场的竞争力。

8.3　公共服务机制创新

乡村产业融合发展的关键不仅仅在于资金、融资等金融问题，也不仅仅是只需要信息技术和数字经济的发展。乡村产业融合发展需要多种生产要素合理且高效配置。因此，各地政府除了对高素质农民培育体系构建进行发力外，还需要加快构建例如信息共享服务平台等其他相应的支持保障体系。

8.3.1　加快乡村产业融合发展信息服务创新平台建设机制

各地政府可以通过搭建乡村综合信息化服务平台、乡村创新创业孵化平台、产权流转交易平台等，提供电商服务、乡村旅游、公共营销、创业支持、技术帮助等服务，并且在后端由高等科研院所、商业机构和相关企业等提供相对应的社会化服务。具体而言，首先，建设交易中心电子信息平台，构建包括农村产权、非农不动产、农产品营销、各类商品和服务的分类信息模块，通过宣传提高农户对涉农金融政策的信任度，保证信息平台覆盖本行政区所有农村区域，并在适当条件下向周边地区提供服务，为跨区域发展业务打下坚实基础。其次，发挥政府核心作用，与金融机构合作建设农户信用信息中心和数据平台，同时协调各政府部门、金融机构匹配信用信息，降低金融机构信息收集的成本和风险。最后，加强对乡村休闲农业、农产品加工业等相关信息的引导和传输，如对休闲观光旅游农业不同季节和时间段的人流量、消费潜力等数据进行收集和分析，进而为有需要的从业主体提供信息服务。

8.3.2 完善多层级"供产加销服"涉农全产业链机制

市场中较为重要的是信息及其传递。在农产品交易流通的市场中，传统的信息传递方式较为滞后，缺少及时准确且权威的信息，因而不利于从业主体的决策。随着信息技术和互联网的发展，市场化的信息系统建设也越来越重要。各地尤其需要根据"供产加销服"涉农全产业链的发展特点，即农业供应、生产和销售+管理（计划管理、物料管理、仓储管理、采购管理、订单交付管理、预测管理等），利用大数据和云计算等数字技术，通过农业产业链的核心企业与其上下游农户、农业企业以及农产品产销地平台上积累的上下游客户之间的历史交易记录、信用情况、资金情况等，进行综合分析，用远程网络服务等线上操作方式为产业链的各环节提供相应的服务。

8.3.3 利用网络均衡效应扩展多产业带动辐射机制

在拥有一定农业知识的基础上，乡村产业融合发展的生产经营主体，一方面其利用可视化技术、网络直播等方式，将产品生产过程呈现给消费者，进而降低消费者与生产者之间的信任危机，同时借助互联网快车，通过自己的影响力创立个人品牌，推进农产品销售，唤起人们对乡村生活的喜爱和向往，进而带动发展乡村的旅游业。另一方面，乡村整体的综合功能有效发挥和承载能力提升能够进一步优化外部环境，优化农村金融组织线上线下服务功能。同时，各地也需要利用示范带动作用，推广试验区的有效经验以及典型的成功案例，进一步发挥数字金融对乡村产业发展的促进作用，并鼓励各地依托当地的自然资源禀赋，发展特色产业，利用金融和产业的集聚与溢出效应，辐射带动周边地区的发展，并进一步对乡村产业发展进行多功能性的拓展、新业态的培育和利益联结机制的完善。

8.4　制度法律保障机制创新

数字金融促进乡村产业融合发展，面临着个体性与整体性衔接的困难、短期性与长期性衔接的困难、绝对性与相对性衔接的困难。随着数字金融和乡村产业融合的不断发展，各地迫切需要与时俱进和具有全球观念的法治保障体系，这样才能更好地融通资金流、信息流和人才等建立良性循环的生态圈，才能真正激发农民和乡村产业融合经营发展主体的内生动力。

8.4.1　建立健全数据确权和使用分享范围等保障机制

一方面，若有关农业数据仅被一些巨头企业掌握，就很容易造成新的数据垄断局面，有违让市场竞争更加公平的初衷；另一方面，基于大数据、云计算、人工智能等高科技信息技术手段所采集和整理的数据，面临着数据泄露的风险，即一旦相关汇总数据流失到国外居心不轨的人手中，就会使中国在农产品国际贸易市场上处于劣势，还会对国家粮食安全带来不良影响。故我国亟需加快建立健全相关法律法规保障机制，尤其是有关中国粮食安全的数据的上传下载与传输，应纳入国家网络安全审查的范畴，并明确政府各部门的数据使用权限，同时可参照于 2021 年 9 月正式生效实施的《中华人民共和国数据安全法》中关于"国家统筹发展和安全，坚持以数据开发利用和产业发展促进数据安全，以数据安全保障数据开发利用和产业发展"等条例的有关内容，通过对大数据信息采集立法，确定服务标准及制度规范，进一步优化对于数据的知识产权保护，确定责任权利归属、利润分配方式等的标准制定。

8.4.2　完善相应监管规则持续有效机制

出台新的法律法规和部门规章，规范数字金融市场准入、行业监管和网络信息安全等，尤其要重视以数字货币和虚拟货币为代表的新型数字金融产品的监管，加强对区块链金融技术使用的审核和验证，强化数字金融混业监管和国际合作监管。同时加强网络空间的安全治理，尤其是在科技金融和网络安全技术的发展过程中，加强防范"三农"领域的"庞氏骗局"和不良投机行为，并且要注意由于新型数字鸿沟所产生的新型骗局，加大监管范围和反馈渠道，并邀请业内知名专家和实践能人开展风险防控技术和业务实操技能的培训指导。

8.4.3　加快建立全面综合的风险防范化解机制

对风险的防范、管理和化解应该更具备全局观，因为风险不仅仅是一种客观的因素，还包括人的行为层面、道德层面、心理层面等因素。风险的特征有客观性、突发性、损害性、随机不确定性和发展性，随着乡村产业融合发展和数字金融的创新，风险也从单一化向多元化发展，有效的风险管理和防范化解机制不仅可以降低成本，提高经济效益，而且能够更好地优化配置资源。因而，我们要从风险识别、风险评价、风险控制和风险监测等多维度、多层面建立全面综合的风险防范化解机制。

第 9 章　研究结论和展望

　　农村金融体系的构建，特别是金融对乡村产业融合发展促进作用的有效发挥，关乎到乡村产业兴旺和农业农村现代化发展及乡村振兴战略的实现。本研究是建立在现阶段国内外数字金融发展的理论和中国乡村产业融合发展的实践基础上进行的。因此，无论是从理论分析，历史脉络梳理，现实发展态势归纳，还是从宏观层面收集到的数据资料，以及笔者从实际调研中获取的数据，进行的效应实证和案例分析等，较以往相关研究都有所创新。本章基于前述章节的理论分析，对本研究进行一个总结，并提出未来进一步研究的方向和展望。

9.1　研究结论

　　通过文献借鉴、理论分析、历史脉络梳理和实证效应检验分析，本研究得出如下结论：

　　（1）数字金融能够满足乡村产业融合发展的多层次融资需求，进而促进乡村产业融合发展。金融是市场经济的核心，是推动产业发展的重要途径。本研究对已有相关理论和文献进行总结和归纳后发现，随着时代的变化和社会的发展，金融发展与经济增长的关系一直处于动态变化中，无论是金融结构理论、金融深化理论、金融功能理论，还是农村金融发展理论和金融科技理论等，都体现出金融功能效率的提高有利于实现社会效应和经济效益共赢的局面。从近年来的文献和本研究亦可以得出，数字金融有利于降低信息不对称程度，降低融资成本和难度，降低金融排斥弱势群体/产业的程度。数字金融的发展还有利于扩宽金融服务的边界，提升金融服务的可得性，并且有利于促进金融服务类型的多样化发展。

　　（2）数字金融对乡村产业融合发展有显著的正向促进作用和正向空间

溢出效应，并有利于缓解传统的金融排斥。本研究结合数字金融的发展脉络和数据可得性，利用中国各省、直辖市、自治区的现实数据，采用多种空间计量模型，通过更换乡村产业融合发展测度方式，更换空间权重矩阵，更换被解释变量和增加控制变量的稳健性检验，实证分析检验了数字金融对乡村产业融合发展的宏观效应。研究结果和稳健性分析均表明：数字金融能显著促进乡村产业融合发展，并有空间溢出效应，带动周边地区的金融深化和集聚，同时作为先导要素吸引人才、科技等其他要素等进入乡村，有利于完善乡村产业发展所需的要素匹配，进而促进乡村产业融合发展。社会融资规模的提升和财政支农力度的加强对乡村产业融合发展也会产生积极的作用，乡村人均受教育水平的有效提高也是促进乡村产业融合发展的有利因素。

（3）数字金融能够优化资源配置，有效促进乡村产业融合发展，并有效缓解农村金融产品和服务不足对乡村产业融合发展的制约。本研究通过对湖南、云南、贵州、四川、重庆的实地调研和对微观数据的分析发现，新型农业经营主体在从事乡村产业融合发展时的资金缺口较大，使用数字金融能促进其从事乡村产业融合发展；利用数字金融账户进行借贷更有益于其从事乡村产业融合发展；可以通过数字金融进行融资、借贷获得从事乡村产业融合发展所需的部分资金支持。此外，种养殖大户、农民专业合作社、龙头企业和家庭农场等的主要负责人较好的金融素养和受教育程度会对其使用数字金融促进乡村产业融合发展产生正向影响；高风险偏好的新型农业经营主体更倾向于推动乡村产业融合发展；拥有良好的社会网络也会对乡村产业融合发展产生积极影响。

（4）具有中国特色的数字金融促进乡村产业融合发展实践已逐步形成可借鉴、可复制、可推广的中国模式和中国智慧。在传统金融体系之下，金融资源往往集中于发达地区，而数字金融则通过其数字支付和信贷风险评估等技术，突破了吸收存款和发放贷款的时空限制，从而有助于金融资源在城乡、区域之间均衡分布，进而打破信息不对称的难点。本研究基于在广西壮族自治区田东县和四川省彭州市的实地调研发现，数字金融的发展不仅能降低交易成本，而且新型农业经营主体可以利用数字技术和数据资源提高自身的风险控制能力。数据这种新型的先导生产要素能对其他要素进行赋能和增效，进而促进乡村产业融合发展。但无论是政府主导的互联网+农村金融模式和数字村站的模式，还是以市场化为主利用大数据延长产业链、通过数字金融人才赋能乡村治理的模式，其仍须在加强村级综合服务站线上线下互促、政府和市场有机衔接、数据规范标准化和建立多层级数字金融生态圈等方面不断创新机制保障。

（5）数字金融促进乡村产业融合发展的效应发挥亟须进一步加快相应的机制创新。本研究基于数字金融与乡村产业融合发展的态势剖析，在宏微观效应检验和案例分析等的基础上，结合现阶段中国国情发现，目前农村金融供需矛盾依旧存在，尤其是乡村产业融合发展收益的不稳定性、农民缺乏正规抵押物及传统金融机构的逐利性、农民信用评估信息和数据不足等因素的存在，导致金融服务"三农"供需不匹配等问题仍须进行不断地机制创新加以解决。故我们应进行如下机制创新：首先是政府、企业和金融机构等需协调发力，加快"三农"金融服务的数字化转型，并利用数字金融的技术扩散效应，鼓励传统金融机构开展数字金融业务，进行转型升级，实现各方互补的全功能作用的发挥，从而加大力度拓宽数字金融的覆盖范围、提升普惠金融的数字化程度，进一步提升金融服务的可得性。其次，利用线上线下的不同渠道，组织开展数字金融的相关培育，拓宽农民的融资渠道，进而解决融资难、贵、慢的问题，尤其是要让种养殖大户、家庭农场负责人等新型农业经营主体了解并能熟练使用数字金融的产品，提升乡村产业融合发展主力军的数字金融使用效率，充分发挥数字金融促进乡村产业融合发展的积极作用。最后，推广相关改革试验区的有效经验以及典型的成功案例，充分利用示范带动作用鼓励各地依托当地的自然资源禀赋，促进乡村产业融合发展，利用金融和产业的集聚与溢出效应，辐射带动周边地区的发展。与此同时，要加强对数字金融领域的监管和法律保障，健全相应的风险管控能力，降低信息泄露风险，切实保护用户的合法权益，从而通过多元化和多角度的复合型支持体系为促进乡村产业融合发展和乡村振兴提供动力，解决当前中国"三农"发展面临的多重困境。

9.2 研究展望

本研究对数字金融与乡村产业融合发展进行了系统性地研究，并对其宏观、中观和微观效应进行了多角度、多层次和多样化的分析，但后续的相关研究仍有如下可以继续扩充和提升的空间：

（1）进一步丰富完善乡村产业融合发展的测度指标。宏观效应检验方面，一是数字金融的指数本身只来自于一家结构，故分析综合性欠佳，并且随着中国数字金融的快速发展，其分指数的权重没有进行相应的动态调整。二是虽然从理论层面和政策文本分析中，本研究已经设计出乡村产业融合发展的多项三级指标，但受限于统计数据的匮乏和各省（自治区、直辖市）统计口径的差异，不得不删除一些指标，只能保留部分能找到数据的核心且具有代表性的指标，并基于此对乡村产业融合发展进行测度。若后续国家层面能够对乡村产业融合发展的相关指标进行更全面的统计，那将大大提高后续研究中乡村产业融合发展水平测度的精度和广度，笔者对此也充满期待。

（2）采集更多地区的数据，并扩充更多年份的追踪调研数据。微观实际效应检验方面，一是由于所采集的数据来自于自设问卷，大部分问题是选择题，可能会遗漏一些更细致、更深层的信息，但总体而言，不影响本研究所探寻的问题的讨论，若后续有机会，将进一步丰富和完善相关选项设计，推进相关研究进展。二是考虑国内数字金融在金融和信息技术更发达的东北、中东部地区效果显著，为了更全面反映数字金融对乡村产业融合发展影响的现状，尤其是对于欠发达地区乡村产业融合发展的影响，本研究主要选取了云南、贵州、四川、重庆等西南片区的省市区县开展调研，但样本的选择、数量的均衡控制等方面可能也会对结果造成一些偏误。三是由于数字金融在中国尚属于新兴事物，调研也仅有当年的数据，虽能通过实证方法进行初步探索，但由于数字金融在中国的兴起和发展时间也不长，并且由于数据和样本量的限制，在本研究的微观实证分析中暂时无法进行周期和动态的检验。四是由于不同类型、不同地理位置的乡村产业融合发展的业态、模式、难易程度、实现路径等都可能存在一定的差异，探寻数字金融对不同类型乡村产业融合发展的影响及其对不同地理位置乡村产业融合发展效应的差异较为困难。但笔者和研究团队成员在条件允许的情况下，将全力以赴进行相关的跟踪调研。

综上所述，在数字经济快速发展和全面推进乡村振兴战略的关键时期，乡村产业融合发展是农业农村可持续发展的必然选择，是实现农民增收、农业发展和农村繁荣的基础和重要途径；数字金融所具有的跨时空性、效率性、普惠性、高渗透性等能够降低信息不对称程度，有利于优化金融供给，有助于缓解传统的信贷融资约束，突破农村金融服务"最后一公里"的瓶颈，尤其是能够填补新型农业经营主体的资金缺口，还能间接缓解信贷约束、降低融资的门槛，进而成为促进乡村产业融合发展和提质增效的关键要素。但我国要加快数字金融促进乡村产业融合发展的步伐，亟待从多元协同金融生态建设、多渠道人才培育、多层级公共服务建设、完善数据确权和法律制度保障等方面进行机制创新。

参考文献

白俊红，王钺，蒋伏心，等，2017. 研发要素流动、空间知识溢出与经济增长 [J]. 经济研究，52（7）：109-123.

白钦先，1999. 经济全球化和经济金融化的挑战与启示 [J]. 世界经济（6）：11-19.

贝多广，2015. 好金融与好社会：问题的提出和答案 [J]. 金融研究（7）：24-36.

蔡昉，王美艳，2016. 从穷人经济到规模经济：发展阶段变化对中国农业提出的挑战 [J]. 经济研究，51（5）：14-26.

蔡海亚，徐盈之，2017. 贸易开放是否影响了中国产业结构升级？[J]. 数量经济技术经济研究，34（10）：3-22.

蔡红艳，阎庆民，2004. 产业结构调整与金融发展：来自中国的跨行业调查研究 [J]. 管理世界（10）：79-84.

曹冰雪，李瑾，2019. 信息化对农民增收的影响效应 [J]. 华南农业大学学报（社会科学版），18（6）：55-69.

曾艺，韩峰，刘俊峰，2019. 生产性服务业集聚提升城市经济增长质量了吗 [J]. 数量经济技术经济研究，36（5）：83-100.

车四方，2019 社会资本与农户多维贫困 [D]. 重庆：西南大学.

陈锡文，2004. 资源配置与中国农村发展 [J]. 中国农村经济（1）：4-9.

陈学云，程长明，2018. 乡村振兴战略的三产融合路径：逻辑必然与实证判定 [J]. 农业经济问题（11）：91-100.

陈秧分，王国刚，孙炜琳，2018. 乡村振兴战略中的农业地位与农业发展 [J]. 农业经济问题（1）：20-26.

陈一明，2021. 数字经济与乡村产业融合发展的机制创新 [J]. 农业经济问题（12）：81-91.

陈志武, 2009. 金融的逻辑 [M]. 国际文化出版社.

程华, 2014. 互联网金融的双边市场竞争及其监管体系催生 [J]. 改革 (7): 66-74.

程名望, 史清华, Jin Yanhong, 2014. 农户收入水平、结构及其影响因素: 基于全国农村固定观察点微观数据的实证分析 [J]. 数量经济技术经济研究, 31 (5): 3-19.

程名望, 张家平, 2019. 互联网普及与城乡收入差距: 理论与实证 [J]. 中国农村经济 (2): 19-41.

崔满红, 2002. 金融资源理论研究 [M]. 北京: 中国财政经济出版社.

崔鲜花, 2019. 韩国农村产业融合发展研究 [D]. 吉林大学.

丁志帆, 2020. 数字经济驱动经济高质量发展的机制研究: 一个理论分析框架 [J]. 现代经济探讨 (1): 85-92

杜金岷, 韦施威, 吴文洋, 2020. 数字普惠金融促进了产业结构优化吗? [J]. 经济社会体制比较 (6): 38-49.

杜振华, 2015. "互联网+" 背景的信息基础设施建设愿景 [J]. 改革 (10): 113-120.

范德成, 李昊, 2016. 基于复合有序度模型的中国产业结构演化动力子系统间的有序度分析 [J]. 中国科技论坛 (2): 41-47.

方师乐, 黄祖辉, 2019. 新中国成立 70 年来我国农业机械化的阶段性演变与发展趋势 [J]. 农业经济问题 (10): 36-49.

费景汉, 拉尼斯, 1987. 劳动剩余经济的发展 (中译本) [M]. 华夏出版社

封思贤, 徐卓, 2021. 数字金融、金融中介与资本配置效率 [J]. 改革 (3): 1-16.

傅秋子, 黄益平, 2018. 数字金融对农村金融需求的异质性影响: 来自中国家庭金融调查与北京大学数字普惠金融指数的证据 [J]. 金融研究 (11): 68-84.

干春晖, 郑若谷, 余典范, 2011. 中国产业结构变迁对经济增长和波动的影响 [J]. 经济研究, 46 (5): 4-16, 31.

高培勇, 杜创, 刘霞辉, 等, 2019. 高质量发展背景下的现代化经济体系建设: 一个逻辑框架 [J]. 经济研究, 54 (4): 4-17.

高远东, 温涛, 王小华, 2013. 中国财政金融支农政策减贫效应的空

间计量研究 [J]. 经济科学 (1)：36-46.

　　郭峰，王靖一，王芳，等，2020. 测度中国数字普惠金融发展：指数编制与空间特征 [J]. 经济学（季刊），19 (4)：1401-1418.

　　郭俊华，卢京宇，2020. 乡村振兴：一个文献述评 [J]. 西北大学学报（哲学社会科学版），50 (2)：130-138.

　　郭远智，刘彦随，2021. 中国乡村发展进程与乡村振兴路径 [J]. 地理学报，76 (6)：1408-1421.

　　国家发展改革委宏观院和农经司课题组，2016. 推进我国农村一二三产业融合发展问题研究 [J]. 经济研究参考 (4)：3-28.

　　韩宝国，朱平芳，2014. 宽带对中国经济增长影响的实证分析 [J]. 统计研究，31 (10)：49-54.

　　何广文，何婧，2019. 乡村产业振兴中的金融需求 [J]. 中国金融 (10)：33-34.

　　何广文，刘甜，2018. 基于乡村振兴视角的农村金融困境与创新选择 [J]. 学术界 (10)：46-55.

　　何广文等，2008. 农村金融学 [M]. 北京：中国金融出版社.

　　何宏庆，2020. 数字金融助推乡村产业融合发展：优势、困境与进路 [J]. 西北农林科技大学学报（社会科学版），20 (3)：118-125.

　　何婧，李庆海，2019. 数字金融使用与农户创业行为 [J]. 中国农村经济 (1)：112-126.

　　何婧，田雅群，刘甜，等，2017. 互联网金融离农户有多远：欠发达地区农户互联网金融排斥及影响因素分析 [J]. 财贸经济，38 (11)：70-84.

　　何仁伟，2018. 城乡融合与乡村振兴：理论探讨、机理阐释与实现路径 [J]. 地理研究，37 (11)：2127-2140.

　　何宗樾，张勋，万广华，2020. 数字金融、数字鸿沟与多维贫困 [J]. 统计研究，(10)：79-89.

　　洪岩璧，2015. Logistic 模型的系数比较问题及解决策略：一个综述 [J]. 社会，35 (4)：220-241.

　　胡振，2017. 金融素养对城镇家庭金融资产选择的影响研究 [D]. 中国农业大学博士学位论文.

　　黄红光，白彩全，易行，2018. 金融排斥、农业科技投入与农业经济发展［J］. 管理世界，34（9）：67-78.

黄季焜，2018. 农业供给侧结构性改革的关键问题：政府职能和市场作用［J］. 中国农村经济（2）：2-14.

黄季焜，2018. 四十年中国农业发展改革和未来政策选择［J］. 农业技术经济（3）：4-15.

黄奇帆，2020. 结构性改革：中国经济的问题与对策［M］. 中信出版集团.

黄倩，李政，熊德平，2019. 数字普惠金融的减贫效应及其传导机制［J］. 改革（11）：90-101.

黄少安，2018. 改革开放40年中国农村发展战略的阶段性演变及其理论总结［J］. 经济研究，53（12）：4-19.

黄益平，黄卓，2018. 中国的数字金融发展：现在与未来［J］. 经济学（季刊）（4）：1489-1502.

黄益平，王敏，傅秋子，等，2018. 以市场化、产业化和数字化策略重构中国的农村金融［J］. 国际经济评论（3）：106-124，7.

黄祖辉，徐旭初，蒋文华，2009. 中国"三农"问题：分析框架、现实研判和解决思路［J］. 中国农村经济（7）：4-11.

黄祖辉，钱峰燕，2003. 技术进步对我国农民收入的影响及对策分析［J］. 中国农村经济（12）：11-17.

贾春新，2000. 金融深化：理论与中国的经验［J］. 中国社会科学（3）：50-59，204.

江小涓，孟丽君，2021. 内循环为主、外循环赋能与更高水平双循环：国际经验与中国实践［J］. 管理世界，37（1）：1-19.

江小涓，2018. 网络空间服务业：效率、约束及发展前景：以体育和文化产业为例［J］. 经济研究，53（4）：4-17.

江泽民，2009. 论中国信息产业技术发展［M］. 北京：中央文献出版社.

姜建清，2000. 金融高科技发展及其深层次影响研究［M］. 北京：中国金融出版社.

姜长云，2017. 农业产业化龙头企业在促进农村产业融合中的作用［J］. 农业经济与管理（2）：5-10.

姜长云，2016. 推进农村一二三产业融合发展的路径和着力点［J］.

中州学刊（5）：43-49.

姜峰，2018. 农村一二三产业融合发展水平评价、经济效应与对策研究 [D]. 东北农业大学.

焦瑾璞，王俭爱，2015. 普惠金融的基本原理与中国实践 [M]. 中国金融出版社.

焦瑾璞，黄亭亭，汪天都，等，2015. 中国普惠金融发展进程及实证研究 [J]. 上海金融，(4)：12-22.

焦勇，2018. 两化融合与产业结构变迁：理论与实证 [D]. 山东大学.

金碚，1999. 产业组织经济学 [M]. 北京：经济管理出版社.

康继军，华莹，傅蕴英，2014. 金融体制市场化与区域投资效应：中国省级面板数据的空间计量分析 [J]. 重庆大学学报（社会科学版），20(1)：23-30.

孔德议，陈佑成，2019. 乡村振兴战略下农村产业融合、人力资本与农民增收：以浙江省为例 [J]. 中国农业资源与区划，40(10)：155-162.

李继尊，2015. 关于互联网金融的思考 [J]. 管理世界（7）：1-7, 16.

李建军，彭俞超，马思超，2020. 普惠金融与中国经济发展：多维度内涵与实证分析 [J]. 经济研究，55(4)：37-52

李敬，陈澍，万广华，等，2014. 中国区域经济增长的空间关联及其解释：基于网络分析方法 [J]. 经济研究，49(11)：4-16.

李琪，唐跃桓，任小静，2019. 电子商务发展、空间溢出与农民收入增长 [J]. 农业技术经济（4）：119-131.

李文龙，林海英，金桩，2019. 社会资本可利用度及其影响因素研究：来自内蒙古农牧民的经验发现 [J]. 经济研究，54(12)：134-149.

李晓华，2016. "互联网+"改造传统产业的理论基础 [J]. 经济纵横（3）：57-63.

李晓龙，冉光和，2019. 农村产业融合发展如何影响城乡收入差距：基于农村经济增长与城镇化的双重视角 [J]. 农业技术经济（8）：17-28.

李晓龙，2019. 农村金融深化、农业技术进步与农村产业融合发展 [D]. 重庆大学.

李祎雯，张兵，2018. 非正规金融与农村家庭创业成效：影响效应及

作用机理 [J]. 农业技术经济 (12)：4-17.

李悦，1998. 产业经济学 [M]. 北京：中国人民大学出版社

李云新，戴紫芸，丁士军，2017. 农村一二三产业融合的农户增收效应研究：基于对 345 个农户调查的 PSM 分析 [J]. 华中农业大学学报（社会科学版）(4)：37-44, 146-147.

李治，王东阳，2017. 交易成本视角下农村一二三产业融合发展问题研究 [J]. 中州学刊 (9)：54-59.

厉无畏，2002. 产业融合与产业创新 [J]. 上海管理科学 (4)：4-6.

梁伟军，2010. 农业与相关产业融合发展研究 [D]. 华中农业大学.

林家宝，罗志梅，李婷，2019. 企业农产品电子商务采纳的影响机制研究：基于制度理论的视角 [J]. 农业技术经济 (9)：129-142.

林毅夫，2019. 新结构经济学：反思经济发展与政策的理论框架 [M]. 北京：北京大学出版社.

刘淑春，2019. 中国数字经济高质量发展的靶向路径与政策供给 [J]. 经济学家 (6)：52-61.

刘同山，崔红志，孔祥智，2019. 从"大包干"到现代农业发展：安徽凤阳县的经验与启示 [J]. 中州学刊 (10)：32-38.

刘晓倩，2018. 中国农村居民互联网使用及其对收入的影响研究 [D]. 中国农业大学.

刘宇鹏，赵慧峰，2016. 农业产业化机制创新提高农民收入的实证分析：以坝上地区为例 [J]. 中国农业资源与区划，37 (1)：73-79.

刘昭洁，2018. 数字经济背景下的产业融合研究 [D]. 对外经济贸易大学.

刘志彪，2009. 现代产业经济学 [M]. 高等教育出版社.

鲁钊阳，2021. 网络直播与生鲜农产品电商发展：驱动机理与实证检验 [J]. 中国软科学 (3)：18-30.

陆岷峰，2018. 关于金融本源和创新边界的研究 [J]. 当代财经 (9)：62-69.

罗必良，2017. 农业供给侧改革的关键、难点与方向 [J]. 农村经济 (1)：1-10.

罗浩轩，2021. 农业要素禀赋结构、农业制度安排与农业工业化进程的理论逻辑探析 [J]. 农业经济问题 (3)：4-16.

罗剑朝，曹瓅，罗博文，2019. 西部地区农村普惠金融发展困境、障碍与建议 [J]. 农业经济问题（8）：94-107.

骆永民，樊丽明，2012. 中国农村基础设施增收效应的空间特征：基于空间相关性和空间异质性的实证研究 [J]. 管理世界（5）：71-87.

吕承超，崔悦，2021. 乡村振兴发展：指标评价体系、地区差距与空间极化 [J]. 农业经济问题（5）：20-32.

马化腾，2017. 数字经济：中国创新增长新动能 [M]. 中信出版集团.

马健，2002. 产业融合理论研究评述 [J]. 经济学动态（5）：78-81.

马九杰，吴本健，2014. 互联网金融创新对农村金融普惠的作用：经验、前景与挑战 [J]. 农村金融研究（8）：5-11.

米传民，李丹丹，张婷，等，2018. 考虑社交网络和互联网金融的金融市场超网络均衡研究 [J]. 中国管理科学，26（12）：56-65.

聂秀华，江萍，郑晓佳，等，2021. 数字金融与区域技术创新水平研究 [J]. 金融研究（3）：132-150.

咸振宇，2019. 中国农业产业化组织模式优化研究 [D]. 吉林大学.

钱海章，陶云清，曹松威，等，2020. 中国数字金融发展与经济增长的理论与实证 [J]. 数量经济技术经济研究，37（6）：26-46.

邱晗，黄益平，纪洋，2018. 金融科技对传统银行行为的影响：基于互联网理财的视角 [J]. 金融研究（11）：17-29.

冉光和，王定祥，熊德平，2004. 金融产业可持续发展理论的内涵 [J]. 管理世界（4）：137-138.

申云，陈慧，陈晓娟，等，2020. 乡村产业振兴评价指标体系构建与实证分析 [J]. 世界农业（2）：59-69.

沈费伟，2020. 乡村技术赋能：实现乡村有效治理的策略选择 [J]. 南京农业大学学报（社会科学版），20（2）：1-12.

舒凯彤，2019. 中国农村金融发展的模式与路径选择 [D]. 吉林大学.

苏东水，2000. 产业经济学能 [M]. 北京：高等教育出版社.

苏岚岚，孔荣，2020. 互联网使用促进农户创业增益了吗：基于内生转换回归模型的实证分析 [J]. 中国农村经济（2）：62-80

苏岚岚，孔荣，2019. 农民金融素养与农村要素市场发育的互动关联机理研究 [J]. 中国农村观察（2）：61-77.

苏岚岚，彭艳玲，2021. 数字化教育、数字素养与农民数字生活 [J].

华南农业大学学报（社会科学版），20（3）：27-40.

苏岚岚，2019. 金融素养、农地产权交易与农民创业决策研究［D］. 西北农林科技大学.

苏毅清，游玉婷，王志刚，2016. 农村一二三产业融合发展：理论探讨、现状分析与对策建议［J］. 中国软科学（8）：17-28.

粟勤，魏星，2017. 金融科技的金融包容效应与创新驱动路径［J］. 理论探索（5）：91-97，103.

孙晓华，郭旭，王昀，2018. 产业转移、要素集聚与地区经济发展［J］. 管理世界，34（5）：47-62，179-180.

孙玉环，张汀昱，王雪妮，等，2021. 中国数字普惠金融发展的现状、问题及前景［J］. 数量经济技术经济研究，38（2）：43-59.

唐松，赖晓冰，黄锐，2019. 金融科技创新如何影响全要素生产率：促进还是抑制：理论分析框架与区域实践［J］. 中国软科学（7）：134-144.

唐跃桓，杨其静，李秋芸，等，2020. 电子商务发展与农民增收：基于电子商务进农村综合示范政策的考察［J］. 中国农村经济（6）：75-94.

童有好，2015. 我国互联网+制造业发展的难点与对策［J］. 中州学刊（8）：30-34.

汪小亚等，2014. 农村金融改革：重点领域和基本途径［M］. 北京：中国金融出版社

王国刚，2019. 中国金融70年：简要历程、辉煌成就和历史经验［J］. 经济理论与经济管理（7）：4-28.

王兰平，王昱，刘思钰，等，2020. 金融发展促进产业结构升级的非线性影响［J］. 科学学研究，38（2）：239-251.

王乐君，寇广增，2017. 促进农村一二三产业融合发展的若干思考［J］. 农业经济问题，38（6）：82-88，3.

王曙光等，2013. 普惠金融：中国农村金融重建中的制度创新与法律框架［M］. 北京：北京大学出版社：62-69.

王小兵，康春鹏，董春岩，2018. 对"互联网+"现代农业的再认识［J］. 农业经济问题（10）：33-37.

王新志，杜志雄，2020. 小农户与家庭农场：内涵特征、属性差异及演化逻辑［J］. 理论学刊（5）：93-101.

王馨, 2015. 互联网金融助解"长尾"小微企业融资难问题研究 [J]. 金融研究 (9): 128-139.

王修华, 傅勇, 贺小金, 等, 2013. 中国农户受金融排斥状况研究: 基于我国 8 省 29 县 1547 户农户的调研数据 [J]. 金融研究 (7): 139-152.

王修华, 赵亚雄, 2020. 数字金融发展是否存在马太效应: 贫困户与非贫困户的经验比较 [J]. 金融研究 (7): 114-133.

王永仓, 温涛, 王小华, 2021. 数字金融与农户家庭增收: 影响效应与传导机制: 基于中国家庭金融调查数据的实证研究 [J]. 财经论丛 (9): 37-48.

王永贵, 汪寿阳, 吴照云, 等, 2021. 深入贯彻落实习近平总书记在哲学社会科学工作座谈会上的重要讲话精神 加快构建中国特色管理学体系 [J]. 管理世界, 37 (6): 1-35.

魏后凯, 姜长云, 孔祥智, 等, 2021. 全面推进乡村振兴: 权威专家深度解读十九届五中全会精神 [J]. 中国农村经济 (1): 2-14.

温涛, 陈一明, 2021. "互联网+" 时代的高素质农民培育 [J]. 理论探索 (1): 12-21.

温涛, 陈一明, 2020. 社会金融化能够促进城乡融合发展吗: 来自中国 31 个省 (直辖市、自治区) 的实证研究 [J]. 西南大学学报 (社会科学版), 46 (2): 46-58, 191.

温涛, 陈一明, 2020. 数字经济与农业农村经济融合发展: 实践模式、现实障碍与突破路径 [J]. 农业经济问题 (7): 118-129.

温涛, 冉光和, 熊德平, 2005. 中国金融发展与农民收入增长 [J]. 经济研究 (9): 30-43.

温涛, 王煜宇, 2018. 改革开放 40 周年中国农村金融制度的演进逻辑与未来展望 [J]. 农业技术经济 (1): 24-31.

温涛, 王煜宇, 2005. 政府主导的农业信贷、财政支农模式的经济效应: 基于中国 1952～2002 年的经验验证 [J]. 中国农村经济 (10): 20-29.

温涛, 朱炯, 王小华, 2016. 中国农贷的"精英俘获"机制: 贫困县与非贫困县的分层比较 [J]. 经济研究, 51 (2): 111-125.

温涛, 2005. 中国农村金融风险生成机制与控制模式研究 [D]. 西南农业大学.

温铁军，罗士轩，董筱丹，等，2018. 乡村振兴背景下生态资源价值实现形式的创新 [J]. 中国软科学 (12)：1-7.

吴晓波，马如飞，毛茜敏，2009. 基于二次创新动态过程的组织学习模式演进：杭氧 1996~2008 纵向案例研究 [J]. 管理世界 (2)：152-164.

吴晓求等，2015. 互联网金融：逻辑与结构 [M]. 北京：中国人民大学出版社

吴雨，李成顺，李晓，等，2020. 数字金融发展对传统私人借贷市场的影响及机制研究 [J]. 管理世界，36 (10)：53-64，138，65.

肖冬连，2005. 中国二元社会结构形成的历史考察 [J]. 中共党史研究 (1)：23-33.

肖卫东，杜志雄，2019. 农村一二三产业融合：内涵要解、发展现状与未来思路 [J]. 西北农林科技大学学报 (社会科学版)，19 (6)：120-129.

肖旭，戚聿东，2019. 产业数字化转型的价值维度与理论逻辑 [J]. 改革 (8)：61-70.

谢家智，吴静茹，2020. 数字金融、信贷约束与家庭消费 [J]. 中南大学学报 (社会科学版)，26 (2)：9-20.

谢平，邹传伟，刘海二，2015. 互联网金融的基础理论 [J]. 金融研究 (8)：1-12.

谢平，邹传伟，2012. 互联网金融模式研究 [J]. 金融研究 (12)：11-22.

谢绚丽，沈艳，张皓星，等，2018. 数字金融能促进创业吗：来自中国的证据 [J]. 经济学 (季刊)，17 (4)：1557-1580.

辛岭，安晓宁，2019. 我国农业高质量发展评价体系构建与测度分析 [J]. 经济纵横，(5)：109-118.

星焱，2021. 农村数字普惠金融的"红利"与"鸿沟" [J]. 经济学家 (2)：102-111.

熊德平等，2009. 农村金融与农村经济协调发展的机制与模式研究 [M]. 北京：社会科学文献出版社.

徐翔，厉克奥博，田晓轩，2021. 数据生产要素研究进展 [J]. 经济学动态 (4)：142-158.

许梦博，王明赫，李新光，2018. 乡村振兴背景下农业保险发展面临的机遇、挑战与改革路径：以吉林省为例 [J]. 经济纵横 (8)：121-128.

许玉韫，张龙耀，2020. 农业供应链金融的数字化转型：理论与中国案例 [J]. 农业经济问题 (4)：72-81.

闫磊，刘震，朱文，2016. 农业产业化对农民收入的影响分析 [J]. 农村经济 (2)：72-76.

杨东，2015. 互联网金融的法律规制：基于信息工具的视角 [J]. 中国社会科学 (4)：107-126，206.

杨中楷，高继平，梁永霞，2021. 构建科技创新"双循环"新发展格局 [J]. 中国科学院院刊，36 (5)：544-551.

姚洋，杜大伟，黄益平，2020. 中国 2049 走向世界经济强国 [M]. 北京大学出版社.

叶兴庆，2018. 新时代中国乡村振兴战略论纲 [J]. 改革 (1)：65-73.

易行健，周利，2018. 数字普惠金融发展是否显著影响了居民消费：来自中国家庭的微观证据 [J]. 金融研究 (11)：47-67.

尹燕飞，吴比，2020. 数字金融在农业供应链领域的应用研究 [J]. 农村金融研究 (4)：16-21.

尹志超，公雪，郭沛瑶，2019. 移动支付对创业的影响：来自中国家庭金融调查的微观证据 [J]. 中国工业经济 (3)：119-137.

尹志超，彭嫣燕，里昂安吉拉，2019. 中国家庭普惠金融的发展及影响 [J]. 管理世界，35 (2)：74-87.

尹志超，宋全云，吴雨，等，2015. 金融知识、创业决策和创业动机 [J]. 管理世界 (1)：87-98.

尹志超，张号栋，2018. 金融可及性、互联网金融和家庭信贷约束：基于 CHFS 数据的实证研究 [J]. 金融研究 (11)：188-206.

于晓华，黄莹莹，王汉杰，2021. 国内大循环新格局下农业农村发展的目标再定位与战略选择 [J]. 华中农业大学学报（社会科学版）(3)：10-18

余静文，2013. 最优金融条件与经济发展：国际经验与中国案例 [J]. 经济研究，48 (12)：106-119.

臧旭恒等，2007. 产业经济学 [M]. 经济科学出版社.

张成思，刘贯春，2016. 最优金融结构的存在性，动态特征及经济增长效应 [J]. 管理世界 (1)：66-77.

张峰，2015. 中国农业产业化融资体系研究 [D]. 山西财经大学.

张凤兵，乔翠霞，2019. 基于要素配置的城乡利益格局"断裂"与"重构"：文献梳理与展望 [J]. 农业经济问题 (6)：85-93.

张红宇，2018. 加快推动中国特色乡村产业振兴 [J]. 中国党政干部论坛 (4)：32-35.

张红宇等，2016. 金融支持农村一二三产业融合发展问题研究 [M]. 中国金融出版社.

张林，温涛，刘渊博，2020. 农村产业融合发展与农民收入增长：理论机理与实证判定 [J]. 西南大学学报（社会科学版），46 (5)：42-56.

张林，温涛，2019. 农村金融发展的现实困境、模式创新与政策协同：基于产业融合视角 [J]. 财经问题研究 (2)：53-62.

张林，温涛，2019. 财政金融服务协同与农村产业融合发展 [J]. 金融经济学研究 (5)：53-67.

张林，2016. 金融业态深化、财政政策激励与区域实体经济增长 [D]. 重庆大学.

张培刚，张建华，2009. 发展经济学 [M]，北京：北京大学出版社.

张培刚，张建华，2009. 发展经济学 [M]. 北京大学出版社.

张峭，王克，李越，王月琴，2019. 我国农业保险风险保障：现状、问题和建议 [J]. 保险研究 (10)：3-18.

张挺，李闽榕，徐艳梅，2018. 乡村振兴评价指标体系构建与实证研究 [J]. 管理世界，34 (8)：99-105.

张兴旺，孟丽，杜绍明，等，2019. 关于信息化影响农业市场化问题研究 [J]. 农业经济问题 (4)：39-45.

张勋，万广华，张佳佳，等，2019. 数字经济、普惠金融与包容性增长 [J]. 经济研究 (8)：71-86

张勋，杨桐，汪晨，等，2020. 数字金融发展与居民消费增长：理论与中国实践 [J]. 管理世界，36 (11)：48-63.

张义博，2015. 农业现代化视野的产业融合互动及其路径找寻 [J]. 改革 (2)：98-107.

张元洁，田云刚，2020. 马克思的产业理论对乡村产业振兴的指导意义［J］. 中国农村经济（10）：2-16.

张岳，周应恒，2021. 数字普惠金融、传统金融竞争与农村产业融合［J］. 农业技术经济（9）：68-82.

张正平，江千舟，2018. 互联网金融发展、市场竞争与农村金融机构绩效［J］. 农业经济问题（2）：50-59.

张子豪，谭燕芝，2018. 数字普惠金融与中国城乡收入差距：基于空间计量模型的实证分析［J］. 金融理论与实践（6）：1-7.

赵海军，2018. 互联网金融实务与创业实践［M］. 经济科学出版社.

赵霞，韩一军，姜楠，2017. 农村三产融合：内涵界定、现实意义及驱动因素分析［J］. 农业经济问题，38（4）：49-57，111.

赵雪梅，侯经川，2020. "互联网+"对产业升级的促进机制研究：基于 SCP 模型［J］. 信息资源管理学报，10（3）：60-69.

赵岳，谭之博，2012. 电子商务、银行信贷与中小企业融资：一个基于信息经济学的理论模型［J］. 经济研究，47（7）：99-112.

钟春平，刘诚，李勇坚，2017. 中美比较视角下我国数字经济发展的对策建议［J］. 经济纵横（4）：35-41.

钟漪萍，唐林仁，胡平波，2020. 农旅融合促进农村产业结构优化升级的机理与实证分析：以全国休闲农业与乡村旅游示范县为例［J］. 中国农村经济（7）：80-98.

周洁红，柴彭颐，1998. 论我国农业产业化的指标途径及其实现的关键问题［J］. 农业经济问题（12）：33-37.

周立，李彦岩，王彩虹，方平，2018. 乡村振兴战略中的产业融合和六次产业发展［J］. 新疆师范大学学报（哲学社会科学版），39（3）：16-24.

周利，冯大威，易行健. 数字普惠金融与城乡收入差距："数字红利"还是"数字鸿沟"［J］. 经济学家，2020（5）：99-108.

周小川，2004. 关于农村金融改革的几点思路［J］. 经济学动态（8）：10-15.

周振，伍振军，孔祥智，2015. 中国农村资金净流出的机理、规模与趋势：1978~2012 年［J］. 管理世界（1）：63-74.

周振华，2002. 信息化进程中的产业融合研究［J］. 经济学动态（6）：58-62.

朱红根，宋成校，2020. 乡村振兴的国际经验及其启示 [J]. 世界农业 (3)：4-11，27.

朱秋博，白军飞，彭超，等，2019. 信息化提升了农业生产率吗？[J]. 中国农村经济 (4)：22-40.

朱信凯，徐星美，2017. 一二三产业融合发展的问题与对策研究 [J]. 华中农业大学学报（社会科学版）(4)：9-12.

左停，刘文婧，李博，2019. 梯度推进与优化升级：脱贫攻坚与乡村振兴有效衔接研究 [J]. 华中农业大学学报（社会科学版）(5)：21-28，165.

Ackerberg, D, K. Caves, G. Frazer, 2015. Identification Properties of Recent Production Function Estimators [J]. Econometrica, 83 (6)：2411-2451.

Adams DW, D Graham, J Von Pischke, 1984. Undermining Rural Development with Cheap Credit [M]. Boulder：Westview Press

Alchian A A, Demsetz H, 1972. Production, Information Costs, and Economic Organization [J]. The American Economic Review, 62 (5)：777-795.

Alfonso, G. and Salvatore, T, 1998. Does Technological Convergence Imply Convergence in Markets? Evidence from the Electronics Industry [J]. Research Policy, (27)：445-463 .

Allen F, Qian J, Qian M, 2005. Law, finance, and economic growth in China [J]. Journal of Financial Economics, 77 (1)：57-116.

Amit R, Zott C, 2001. Value creation in E - business [J]. Strategic Management Journal：493-520.

Anselin, L and Bera, A. K, 1998. "Spatial Dependence in Linear Regression Models with an Introduction to Spatial Econometrics," Handbook of Applied Economic Statistics [M] Marcel Dekker, New York.

Anselin L, 2013. Spatial econometrics：methods and models [M]. Springer Science & Business Media.

Arcand J, Berkes E, Panizza U, et al., 2012. Too much finance [J]. Journal of Economic Growth, 20 (2)：105-148.

Arthur, W B, 2009. The Nature of Technology：What it Is and How it Evolves [M]. Free Press, New York.

Babbie, Earl, 2006. The Practice of Social Research (11th edition) [M].

Wadworth Publishing.

Bachas P, Gertler P, Higgins S, et al., 2018. Digital Financial Services GoA Long Way: Transaction Costs and Financial Inclusion [J]. American Economic Review (1): 444-448

Badulescu D, Giurgiu A, Istudor N A, 2016. Rural tourism development and financing in Romania: a supply-side analysis. [J]. Agricultural Economics -zemedelska Ekonomika. 61, 72-80.

Banerjee A, Newman A F, 1993. Occupational Choice and the Process of Development [J]. Journal of Political Economy, 101 (2): 274-298.

T Beck, Asli Demirgü-Kunt, Levine R, 2007. Finance, inequality and the poor [J]. Journal of Economic Growth, 12 (1): 27-49.

Beck T, Levine R, Loayza N, et al., 2000. Finance and the Sources of Growth [J]. Journal of Financial Economics, 58 (1): 261-300.

Beck T, Pamuk H, Ramrattan R, et al., 2018. Payment instruments, finance and development [J]. Journal of Development Economics, 133: 162-18

Binswanger H P, Khandker S R, 1995. The impact of formal finance on the rural economy of India. The Journal of Development Studies, 32 (2), 234-262.

Brealey R, Leland H E, Pyle D H, 1977. Informational asymmetries, financial structure, and financial intermediation [J]. Journal of Finance, 32, 371-387.

Browning M, Lusardi A, 1996. Household Saving: Micro Theories and Micro Facts [J]. Journal of Economic Literature, 34: 1797-1855.

Brynjolfsson E, Hu Y J, Smith M D, et al., 2006. From Niches to Riches: Anatomy of the Long Tail [J]. MIT Sloan Management Review, 47 (4): 67-71.

Claessens S, Feyen E, 2007. Financial Sector Development and the Millennium Development Goals [M]. The World Bank.

Couture V, Faber B, Gu Y, et al., 2018. Connecting the Countryside via E-Commerce: Evidence from China [J]. National Bureau of Economic Research.

Crawford G S, Pavanini N, Schivardi F, 2018. Asymmetric Information and Imperfect Competition in Lending Markets. The American Economic Review,

108 (7), 1659-1701.

Davis J H, Goldberg R A, 1957. A Concept of Agribusiness [M]. Harvard University Press.

Dodgson M, Gann D, Salter A, et al., 2006. The role of technology in the shift towards open innovation: the case of Procter & Gamble [J]. R & D Management, 36 (3): 333-346.

Don Tapscott, Anthony D Williams, 2007. Wikinomics: How Mass Collaboration Changes Everything, [M]. Penguin. Portfolio Hardvover.

Fry MJ, 1980. Money and Capital or Financial Deepening in Economic Developments-ScienceDirect [J]. Money and Monetary Policy in Less Developed Countries: 107-113.

GalorO, Zeira J, 1993. Income Distribution and Macroeconomics [J] The Review of Economic Studies, 60 (1): 35-52.

Gandomi A, Haider M, 2015. Beyond the hype [J]. International Journal of Information Management, 35 (2): 137-144.

Goetzmann, WilliamN, 2017. Money Changes Everything: How Finance Made Civilization Possible, [M]. Princeton University Press; Revised edition Business Economics.

Goldberg R A, 1983. Agronomic Influences on Agribusiness Commodity Systems. [M]. Boston: Harvard Business School.

Goldsmith R W, 1969. Financial Structure and Development [M]. Yale University Press.

Gong B, 2018. Agricultural reforms and production in China: Changes in provincial production function and productivity in 1978-2015 [J]. Journal of Development Economics: 18-31.

Greenwood J, Jovanovic B, 1989. Financial Development, Growth, and the Distribution of Income [J]. Journal of Political Economy, 98 (5): 1076-1107.

Guiso L, T Jappelli, 2005. Awareness and Stock Market Participation [J]. Review of Finance, 9, (4): 537-567.

Guo F, Kong S T, Wang J, 2016. General Patterns and Regional Disparity of Internet Finance Development in China: Evidence from the Peking University Internet Finance Development Index [J]. China Economic Journal, 9 (3): 253-271.

Gurley J G, Shaw E S, 1956. Financial Intermediaries and the Saving—Investment Process [J]. Journal of Finance, 11 (2): 257-276.

Hailu B K, Abrha B K, Weldegiorgis K A, et al., 2014. Adoption and Impact of Agricultural Technologies on Farm Income: Evidence from Southern Tigray, Northern Ethiopia [J]. International Journal of Food and Agricultural Economics, 2 (3): 91-103.

Hamilton, Shane, 2014. Agribusiness, the Family Farm, and the Politics of Technological Determinism in the Post—World War Ⅱ United States [J]. Technology and Culture, 55 (3): 1031-1033.

Hill AD, Johnson SG, Greco LM, O'Boyle EH, Walter SL, 2021. Endogeneity: A Review and Agenda for the Methodology—Practice Divide Affecting Micro and Macro Research. [J]. Journal of Management, 47 (1): 105-143.

Hong H, K D Jefrey, C S Jeremy, 2004. Social Interaction and Stock—market Participation [J]. Journal of Finance, 59 (1): 137-163.

Irwin E G, Isserman A M, Kilkenny M, et al., 2010. A Century of Research on Rural Development and Regional Issues [J]. American Journal of Agricultural Economics, 92 (2): 522-553. Management Science, 49 (10), 1387-1406.

King G, Tomz M, Wittenberg J, et al., 2000. Making the Most Of Statistical Analyses: Improving Interpretation and Presentation [J]. American Journal of Political Science, 44 (2): 347-361.

King R G, Levine R, 1993. Finance and Growth: Schumpeter Might Be Right [J]. The Quarterly Journal of Economics, 108 (3): 717-737.

Klemperer P, 1995. Competition when Consumers have Switching Costs: An Overview with Applications to Industrial Organization, Macroeconomics, and International Trade [J]. The Review of Economic Studies, 62 (4): 515-539.

Lee L F, J Yu, 2010. Estimation of spatial autoregressive panel data models with fixed effects [J]. Journal of Econometrics, 154, 165-185.

Levine, R, 1997. Financial Development and Economic Growth: Views and Agenda [J]. Journal of Economic Literature (35): 688-726.

Lesage JP, Pace R K. 2009. Introduction to Spatial Econometrics. CRC Press, Boca Raton, FL [M].

Lio M, Liu M, 2006. ICT and agricultural productivity: evidence from cross-country data [J]. Agricultural Economics, 34 (3): 221-228.

Ljungqvist L, Sargent T. J, 2004. Recursive Macroeconomic Theory [M]. MIT Press.

Long J S, 1999. Regression models for categorical and limited dependent-variables. [J]. Social Forces, 77 (3).

Luco, Fernando, Guillermo Marshall, 2020. The Competitive Impact of Vertical Integration by Multiproduct Firms. American Economic Review, 110 (7): 2041-64.

Mckinnon R I, 1973. Money and capital in economic development [M]. Washington, Brookings Insitution.

Merton RC, Bodie Z, 2004. The Design of Financial Systems: Towards a Synthesis of Function and Structure [J]. SSRN Electronic Journal, 3 (10): 1388-1389.

Miller C, Jones L, 2010. Agricultural value chain finance: tools and lessons [M]. Practical Action Publishing, Warwickshik, UK.

Mood C, 2010. LogisticRegression : Why We Cannot Do What We Think We Can Do, and What We Can Do About It [J]. European Sociological Review, 26 (1): 67-82.

Myerson R B, 1981. Optimal auction design [J]. Mathematics of operations research, 6 (1): 58-73.

Ohlin B, 1933. Interregional and International Trade, : [M]. Harvard University Press.

Pagura, MariaE, 2008. Expanding the frontier in rural finance : [M]. Practical Action.

Paola G, Marta R A, 2009. Remittances financial development and growth [J]. Journal of Development Economic, 90 (1): 144-152.

Peng C J, Lee K L, Ingersoll G M, et al., 2002. An Introduction to Logistic Regression Analysis and Reporting [J]. Journal of Educational Research, 96 (1): 3-14.

Phillips S J, Anderson R P, Schapire R E, 2006. Maximum entropy modeling of species geographic distributions [J]. Ecological Modelling, 190 (3),

231-259.

Polanyi K, 2001. The great transformation: The political and economic origins of our time [M]. Beacon press.

Porter M E, 1990. The competitive advantage of nations [J]. Journal of Marketing, 55 (4).

Powell WW, Koput K W, Smithdoerr L, et al., 1996. Interorganizational Collaboration and the Locus of Innovation: Networks of Learning in Biotechnology. [J]. Administrative Science Quarterly, 41 (1): 116-14.

Reardon T, Barrett C B, 2000. Agroindustrialization, globalization, and international development: An overview of issues, patterns, and determinants [J]. Agricultural Economics, 23 (3): 195-205.

Romer P M, 1986. IncreasingReturnsand Long-run Growth [J]. Journal of Political Economy, (5).

Rosenberg N, 1994. Exploring the black box : technology, economics, and history [M]. Cambridge University Press.

Rutton V W. 1978. Induced innovation: Technology, innovation and development [M]. Baltimore: Johns Hopkins University Press.

Sanjoy J, 1999. Symbiosis vs. crowding-out: the interaction of formal informal credit markets indevelopment countries [J]. Journal of Development Economics, 59 (2): 419-444.

Sarma M, 2016. Measuring Financial Inclusion using Multidimensional Data [J]. World Economics, 17 (1): 15-40.

Schultz T P, 1998. Education investments and returns [M]. Handbook of Development Economics.

Schultz T P, 1994. Human capital, family planning, and their effects on population growth [J]. AmericanEconomicc Rewiew, 84 (2): 255-260.

Schultz T W, 1964. Transforming Traditional Agriculture [M]. Yale University Press.

Schumpeter J. A, 1934. The Theory of Economic Development: An Inquiry into Profits, Capital, Credit, Interest, and the Business Cycle. [M]. Cambridge: Harvard University Press.

Shannon C E, 1948. A mathematical theory of communication [J]. Bell

System Technical Journal, 27 (3): 379-423.

Shaw E S, 1973. Financial Deepening in Economic Development [M]. Oxford: Oxford University Press.

Sherrick B J. et al, 2004. Factors in influencingfarmers'Crop insurance decision [J]. American Journal of Agricultural Economies, 86 (1): 103-114.

Shiller, Robert J, 2013. Finance and the good society. [M]. Princeton University Press.

Shiller, Robert, J, 2013. Reflections on Finance and the Good Society. [J]. American Economic Review. 3: 402-405.

Solow R M, 1956. A Contribution to the Theory of Economic Growth [J]. Quarterly Journal of Economics (1): 65-94.

Solow R M, 1957. Technical Change and the Aggregate Production Function [J]. Review of Economics and Statistics (3): 312-320.

Stiglitz J E, Weiss A, 1981. Credit Rationing in Markets with Imperfect Information [J]. The American Economic Review, 71 (3): 393-410.

Stirling D A, 2003. Information rules [J]. international conference on management of data, 32 (2): 59-59.

Tapscott D, Williams A, 2007. Wikinomics: How Mass Collaboration Changes Everything [M]. Portfolio Hardcover.

Tapscott D., Tapscott A, 2016. Blockchain Revolution: How the Technology Behind Bitcoin is Changing Money, Business, and the World, [M]. London: Penguin.

Tierney L, 1994. Markov Chains for Exploring Posterior Distributions [J]. Annals of Statistics, 22 (4): 1701-1728.

Von Hayek, F, 1945. The use of information in society [J]. American Economic Reviews, 35 (4): 519-530.

Weber M, 1978. Economy and society: An outline of interpretive sociology [M]. University of California Press.

Wooldridge, J. M, 2010. Econometric Analysis of Cross Section and Panel Data. 2nd ed. [M]. Cambridge, Massachusetts: MIT Press.

Young AA, 1928. Increasing Returns and Economic Progress [J]. The Economic Journal, 38 (152): 527-542.

附录　调查问卷

（农业新型经营主体调查问卷 本研究涉及的问题节选）

一、负责人基本情况

（负责人是指：种养殖大户；家庭农场主、农业企业老板、合作社领办人等新型农业经营主体的实际负责人）

【B11001】负责人信息

姓名_____，电话_____，是否为微信号：（1）是；（2）否。

身份证号_____。性别：（1）男；（2）女。年龄_____，民族_____。

政治面貌：（1）中共党员；（2）民主党派成员；（3）群众。

婚姻状况：（1）未婚；（2）已婚；（3）离婚；（4）丧偶。

学历与专业：（1）小学及以下；（2）初中；（3）高中；（4）中专/技校；（5）大专/高职；（6）本科；（7）研究生及以上。专业_____。

【B11002】负责人的普通话水平？（1）听不懂也不会说；（2）能听懂一些但不会说；

（3）基本能交谈但不太熟练；　（4）能熟练使用但有些音不准；（5）流利准确使用。

【B11003】负责人身体健康状况：（1）非常好；（2）好；（3）一般；（4）不好；（5）非常不好。

【B11004】负责人是否担任过村干部：（1）是；（2）无。

【B11009】负责人家庭是否有家人或亲戚担任公职人员（包括公务员、村干部、生产队长等）？若有，是何种关系？

（1）直系；（2）旁系；（3）姻亲，即配偶的亲戚。

【B11010】负责人家庭是否有家人或亲戚从事金融行业？若有，是何

种关系？（银行，证券，保险）（从事过和正在从事的都算）

（1）直系；（2）旁系；（3）姻亲。

二、新型农业经营主体生产经营

2.1 农业生产经营

【B21001】您所在主体属于哪种类型？（可多选）（1）专业大户；（2）农民合作社；（3）家庭农场；（4）农业产业化龙头企业；（5）农业科技公司；（6）其他_____。

【B21002】您在主体中担任什么职务？（可多选）（1）种养殖专业大户户主；（2）农民合作社理事长；（3）家庭农场负责人；（4）涉农企业股东；（5）涉农企业法人代表；（6）管理层（监事会、理事会）成员；（7）其他_____。

【B21003】您现在主要从事和参与了以下哪些生产经营活动？（可多选）（1）种植业；（2）养殖业；（3）畜牧业；（4）渔业；（5）休闲观光旅游农业（如果蔬采摘、农家乐等）；（6）农副产品加工业（如茶叶、烟草加工等）；（7）乡村电商快递物流业（如网上销售等）；（8）农业社会化服务（如农机、农技服务社）；（9）生态循环立体农业（如一季水稻一季种植其他、畜禽粪便做肥料等）；（10）其他_____。

【B21004】您用于种植业发展的前期固定成本大约为_____万元，其中大棚修建_____万元，其他_____万元。您目前的经营状态是：（1）前期投入的初创期；（2）基本有收入的成长期；（3）收支基本平衡的发展期；（4）产业扩张的发展壮大期；（5）其他_____。

【B21005】您用于养殖业发展的前期固定成本大约为_____万元，其中厂房设备_____万元，其他_____万元。您去年用于养殖业生产经营的总投入大约是多少_____万元。其中种养殖农业间融合、立体农业（稻虾共养、树鸡共养等）_____万元，幼崽_____万元，饲料_____万元，防病治病_____万元，工人酬劳_____万元，其他（社会化服务等）_____万元。

【B21007】您在销售环节遇到什么问题？（1）无明显问题；（2）农产品不易储存；（3）生产缺乏标准化；（4）农产品物流成本高；（5）没有形成品牌；（6）电子商务技能不足；（7）销售渠道不足；（8）其他_____。

【B21009】您从事过哪些形式的产业融合发展？（可多选）（1）种养殖农业间融合、生态循环立体农业（稻虾/树鸡共养、套种、一季水稻小麦一季其他品种等）；（2）一二产融合（如农产品加工、产供销产业链延长等）；（3）一三产融合的复合型农业（如农家乐、乡村旅游文化康养结合、田园综合体等）；（4）智慧农业（如引入互联网、大数据平台等现代信息技术的高科技农业）；（5）多功能农业（如创意农业、农耕体验和乡村文创手工艺等）；（6）一二三产业融合（种养-加工-电商-农家乐一体化）；（7）其他_____；（8）无。

【B21009a】请根据 2020 年从事产业融合情况，填写下表：
（若 2020 年没有贷款，则咨询近三年贷款情况）

数字账户使用情况

产业融合类型	总收入	总成本	补贴	起始年份	线下类型贷款金额	线上贷款类型金额

【B21009b】从事上述乡村产业融合发展时，您遇到了哪些困难？（可多选，最多三项）

（1）资金约束（缺乏资金支持没有融资产品）；（2）市场条件；（3）自然条件受限；（4）技术条件欠缺；（5）文化程度；（6）土地问题；（7）没有政策支持；（8）无明显困难；（9）其他_____。

【B21009c】若有（1）资金约束，您从事产业融合发展总共需要的资金大约是_____万元。

目前能够获取的金额是_____万元，其中，从线下金融机构、民间借贷等传统方式获取的金额为_____万元，从线上互联网金融获取的金额为_____万元，还需_____万元。【转到 B21010】

【B21009d】若没有从事产业融合，原因是？（可多选）

（1）信贷约束_____（金额）；（2）市场条件；（3）自然条件受限；（4）技术条件欠缺；（5）文化程度；（6）土地问题；（7）没有政策支持；（8）不需要、没考虑；（9）其他_____。

【B21010】若通过手机APP、网上银行等线上方式获取借贷，您更倾向于以下哪种方式？（可多选，最多3项）

（1）新型农村金融机构互联网产品；（2）银行线上借贷产品（农行"惠农e贷"等）；（3）政府机构企业合作的数字金融产品；（4）互联网金融平台产品；（5）其他_____；（6）不会从线上借款。

【B21011】您的合作社/企业/农场具体雇佣了工人_____人；带动了周边创业_____户。

【B21012a】您生产过程中具体采用了哪些智慧农业方式？（可多选）（1）手机查看田间信息；（2）农业大数据、气象服务；（3）农业生物育种；（4）田地互联网监测预警（田间地头安装摄像头）；（5）智能农机服务；（6）种植及养殖ERP互联网管理平台；（7）无人机、卫星遥感；（8）智能喷灌；（9）其他_____。

【B21013】在生产经营过程中，享受过以下哪些优惠政策？（可多选，最多3项）（1）种粮直补；（2）信贷补贴（贴息免息）；（3）土地流转补贴；（4）农业保险保费补贴；（5）农用基础设施建设；（6）现代农业补贴；（7）农机械购置补贴；（8）生产资料补贴（政府提供种子、肥料等生产资料）；（9）其他_____。（10）无。

【B21014】您所在经营主体生产经营的土地是如何获得的？（可多选，最多3项）

（1）村集体集中后统一发包转让；（2）与村民自行协商转让、租赁；（3）土地入股合作；（4）土地流转服务中介转让（土地银行）；（5）其他_____。

2.2 教育培训

【B22001】您参加过相关的技能培训内容吗？（1）是；（2）否【转到B22004】。

您近三年累计参加技能培训共有_____次；其中2020年参加_____次。

【B22002】您参加培训的方式？（可多选）（1）集中上课（农广校内组织）；（2）下田指导；（3）实地考察；（4）互联网（在线课程，农业信息分享）。（5）其他_____。

【B22002a】参加培训的内容？（1）农业生产技术；（2）智慧农业设备（无人机，网络视频监控）；（3）休闲观光旅游农业（*果蔬采摘、农家乐等）；（4）乡村电商物流业；

（5）网络信息技术培训；（6）惠农政策解读；（7）其他_____。

【B22003】培训的主办方是？（可多选）（1）政府、村委等；（2）合作社、龙头企业等组织；（3）社会公益组织等；（4）无主办方，根据发展需要，主动学习。（5）其他_____。

【B22004】您希望培训课程涉及以下哪些内容？（按意愿程度，可多选，最多3项）（1）不愿意参加；（2）种植养殖技术；（3）电子商务；（4）乡村旅游；（5）市场营销；（6）智慧农业；（7）金融理财；（8）农业保险；（9）惠农政策解读。（10）其他_____。

【B22005】您是否对社员/员工进行技能培训？（1）是；（2）否；（3）没雇佣员工。

【B22005a】若是，进行过哪些方面培训？（1）农业生产技术；（2）智慧农业；（3）休闲观光旅游农业；（4）农产品电商营销；（5）互联网、APP等线上农业信息分享；（6）其他_____。

三、农村金融服务

3.1 资产

【B31001】请问您所在经营主体的组织形式为？（1）公司制；（2）合伙制（村集体经济）；（3）个人独资。

【B31002】根据您所在经营主体资产情况填写下表：

流动资产　　　　　　　　　　　　　　　单位：万元

流动资金	应收账款	金融资产	预付款	存货

【B31002a】请问您所在经营主体有以下哪些生物资产？

生物资产　　　　　　　　　　　　　　　单位：万元

序号	种植物资产		牲畜（禽）资产		其他农业资产	
	品种	价值	品种	价值	品种	价值
1						
2						
3						

3.5数字金融方面

【B35001】请根据下列描述填写相关问题

1. 您是否拥有智能手机？（1）是（2）否

2. 若是，是否使用上网功能（wifi或流量套餐)？（1）是（2）否

1. 您家是否拥有电脑？（1）是（2）否

2. 若是，家中是否有开通宽带？（1）是（2）否

【B35002】您是否拥有数字账户？（1）是【转到B35004】；（2）否。

【B35003】为什么没有数字账户？

（1）不懂，不会使用；（2）听说过，没有设备；（3）没有需求。
（4）其他_____。

【B35004】请根据您数字账户的使用情况填写下表：

数字账户使用情况

	是否拥有	已使用年限	绑定银行卡数量	支付使用频率（二维码支付、网购支付等）	您在日常生活中数字支付占总支付的比重（%）	2020年数额最大的一笔支付交易	用途	是否曾用它贷款	是否曾用它理财
数字账户	（1）是 （2）否	年	张	（1）几乎不用；（2）每月1~2次；（3）每周1~2次；（4）每周3~4次；（5）每周5次以上			（1）农业生产经营（2）工商业生产经营（3）饮食（4）衣着（5）医疗（6）教育（7）娱乐（8）其他	（1）是 （2）否	（1）是 （2）否
微信支付、支付宝等电子钱包									
手机端网上银行									

【B35008】您是否有通过线上方式进行借款？（1）是；（2）否。若是，第一次是_____年。

【B35009】您最初是从什么途径知道可以线上借款？

（1）银行网点工作人员推荐；（2）亲朋好友推荐；

（3）手机网络宣传；（4）电视广告宣传；（5）室外广告及宣传单；
（6）其他_____。

【B35010】您选择线上借款的理由是_____（按重要性排序，最多三个选项）

（1）担保要求简单；（2）借款额度灵活；（3）贷款期限灵活；

（4）还款方式灵活；

（5）贷款手续简单；（6）放款快；（7）银行网点距离远，不方便；

（8）积累信用；

（9）可选择产品多；（10）正规金融机构借不到款；（11）正规金融机构借款不够用。（12）其他_____。

【B35011】请根据您最近的一次线上借款的情况填写下表：

最近一次借款情况

时间	平台	项目名称（如微粒贷等）	借款金额	获得金额	利率	期限	用途

【B35017】您认为数字金融的使用是否为您的乡村产业融合发展提供了积极的影响？

（1）正向影响很大；（2）正向影响一般；（3）没有影响；（4）负向影响

【35018】若您未使用过线上借贷和线上理财，则主要原因是什么？

（1）害怕风险；（2）不懂技术；（3）没有适合的产品；（4）没有需求；（5）其他_____。

3.6 金融素养

A 金融认知

您了解以下哪些金融产品：

1 存折 2 银行卡 3 信用卡 4 银行保险或理财产品 5 余额宝等货币基金 6 股票 7 外汇 8 期货

（1）了解 1-2 类＝0 分；（2）了解 3-4 类＝1 分；（3）了解 5-6 类＝2 分；（4）了解 7-8 类＝3 分

B 金融应用

假如您在银行存了 100 万元，银行存款年利率是 2%，一年之后连本带利多少钱？

（1）不知道＝0 分；（2）少于或大于 102＝1 分；（3）等于 102＝2 分

如果您银行账户的存款年利率为 2%，通货膨胀率每年是 4%，那么您一年后用该账户的钱能买多少东西？

（1）不知道＝0 分；（2）比现在多＝1 分；（3）和现在一样多＝2 分；

（4）比现在少＝3分

E 金融预测

假如在贷款时，预期未来利率会上调，您应该选择固定利率贷款，还是浮动利率贷款？

（1）不知道＝0分；（2）浮动利率＝1分；（3）固定利率＝2分

F 风险偏好

如果您有一笔资金可以用于投资，您最愿意投资哪种项目？

（1）高风险高回报；（2）一般风险一般回报；（3）低风险低回报；

（4）不愿承担任何风险。